INTELIGÊNCIA ARTIFICIAL GENERATIVA

Modo de usar

Lucia Leão

Copyright © 2023 Lucia Leão

All rights reserved

The characters and events portrayed in this book are fictitious. Any similarity to real persons, living or dead, is coincidental and not intended by the author.

No part of this book may be reproduced, or stored in a retrieval system, or transmitted in any form or by any means, electronic, mechanical, photocopying, recording, or otherwise, without express written permission of the publisher.

ISBN: 9798398583939

Cover design by: Art Painter
Library of Congress Control Number: 2018675309
Printed in the United States of America

Para meu marido Márcio, nossos amados filhos e netas Isabella, Isadora, Armando, Verena e Louise que sempre me inspiram a mergulhar no mar do conhecimento.

"Inteligência é a capacidade de absorver informação em tempo real. De fazer perguntas que façam sentido. É ter boa memória. É traçar pontes entre assuntos que não parecem estar relacionados e inovar ao fazer essas conexões."

BILL GATES

CONTENTS

Title Page

Copyright

Dedication

Epigraph

A autora — 3

Introdução — 5

CAPÍTULO 1 — 7

Apresentando a — 9

1.1) Como tudo começou — 10

1.2) O que é Inteligência Artificial Generativa? — 12

1.3) Como funciona a Inteligência Artificial Generativa? — 15

1.4) Qual a diferença entre Inteligência generativa x Inteligência convencional? — 17

1.5) Quais são as aplicações da IA generativa? — 19

CAPÍTULO 2 — 21

Preparação — 23

2.1) Como escolher a IA Generativa que vou usar? — 24

2.2) Agora é sua vez — 26

2.3) App escolhido, como usá-lo? — 27

2.4) Como escolher o prompt? — 28

2.4.1) Exemplos práticos de prompts — 30

CAPÍTULO 3	32
Por dentros dos	33
3.1)Entendendo o ChatGPT	34
3.1.1)Passo a passo do CHATGPT da OPENAI	36
3.2)E o ChatBox-GPT4?	38
3.2.1)Passo a passo do ChatBox	39
3.2.2) A interface do ChatBox	40
3.3.1)Passo a passo do Perplexity	46
3.4)O que faz o DALL-E?	49
3.4.1) Imagens geradas pelo Dall-E	51
3.4.2)Passo a passo do Dall-E	53
3.5.1)Passo a passo do Bing	56
3.5.2)Algumas imagens geradas pelo Bing Creator	57
CAPÍTULO 4	60
Aplicações práticas da IA Generativa	61
4.1)Se você é advogado	62
4.1.1)Exemplo de resposta gerada para advogados	64
4.2)Se você é estudante	66
4.2.1)Exemplo de resposta gerada para estudantes	68
4.3)Se você é professor	70
4.3.1)Exemplo de resposta gerada para professores	72
4.4)Se você é médico	75
4.4.1)Exemplo de resposta gerada para médicos	77
4.5)Se você é publicitário	79
4.5.1) Exemplo de resposta gerada para publicitários	81
4.6)Se você é jornalista	83
4.6.1)Exemplo de resposta gerada para jornalistas	85
4.7)Se você é dona de casa	87

4.7.1) Exemplo de resposta gerada para donas de casa	89
4.8)Se você produz conteúdo para mídias sociais	91
4.8.1)Exemplo de resposta gerada para produtores de conteúdo	93
4.9)Se você é engenheiro civil	95
4.9.1) Exemplos de resposta gerada para engenheiros civis	97
4.9.2) Outras ferramentas úteis para diversas áreas	99
CAPÍTULO 5	101
Riscos e limitações	103
5.1)Riscos da tecnologia	104
5.1.1)O medo da nova tecnologia é justificável?	106
5.2)Buracos negros do algoritmo	108
5.2.1)O viés, na prática	110
5.3)Como combater os buracos negros?	113
CAPÍTULO 6	115
Considerações	117
6.1)Quais são as preocupações éticas em relação ao uso da IA ?	118
6.1.2) Atualmente é possível identificar um texto gerado por IA ?	121
6.2)Quais são as leis e regulamentações?	124
6.2.1)O que diz o projeto 2338/2023?	126
6.2.2)Como garantir a privacidade e segurança dos dados?	129
6.2.3)O que diz a LGPD?	130
6.2.4)Como usar a LGPD no contexto da IA?	132
6.3)O que diz a OpenAI	134
CAPÍTULO 7	136
Conclusão	137
7.1)Quais são as tendências e avanços na IA generativa?	138

7.1.1)O que mais podemos esperar da IA generativa?	142
7.2)Que valores devemos observar no uso da IA generativa?	144
7.3)O que aprendemos sobre IA generativa?	146
7.4)Referências usadas neste guia	148
7.5)Posfácio	149
Reinvenção	150
7.6)Agradecimentos	153
Obrigada!	154

INTELIGÊNCIA ARTIFICIAL GENERATIVA

A AUTORA

LUCIA LEÃO é uma jornalista da Amazônia com o olhar e atuação voltados para o mundo. É formada em Comunicação Social e bacharel em Direito.

Ainda bem jovem, pegou o "Ita no Norte" em busca de caminhos profissionais em São Paulo, onde acumulou uma experiência profissional de 40 anos no setor audiovisual brasileiro e tornou-se conhecida por sua habilidade como redatora, roteirista, gerente de projetos e pessoas, master Coach e storyteller.

Ao longo de sua carreira, Lucia realizou inúmeros documentários e programas de TV jornalísticos e de entretenimento, demonstrando uma intensa paixão por contar histórias e engajar audiências.

Foi editora executiva do Jornal Hoje e do Jornal da Globo, na Globo de São Paulo e, nos últimos 13 anos foi editora-chefe do SPTV Segunda Edição, onde pode atuar fortemente na gestão de pessoas, formação de lideranças e aumento da produtividade.

Durante um ano sabático, voltou-se para a produção de conteúdo multiplataforma. Escreveu roteiros inéditos e adaptados de minisséries, podcasts e documentários.

Também fez cursos nos Estados Unidos voltados para novas tecnologias, realidade virtual e produtividade em equipe, com foco no trabalho remoto e presencial.

É pioneira no uso da Inteligência Artificial na geração de conteúdo, insights e análise de dados. A paixão pelos novos modelos de linguagem a conduziu numa pesquisa aprofundada do desenvolvimento das máquinas que "pensam" e o impacto delas no trabalho e na vida das pessoas. Pesquisa que gerou os dados e os fatos que alimentam o guia que chega agora às suas mãos.

Mais em: (lucialeao.com.br)

INTRODUÇÃO

E ste não é um livro para desenvolvedores. Nem para os seres fantásticos que habitam o mundo dos algoritmos. É para quem já ouviu falar tanto de Inteligência Artificial Generativa e não sabe o que ela é e nem por onde começar.

É para quem teme perder o emprego para o ChatGPT ou que já está perdendo um tempo valioso de vida em tarefas e rotinas que podem ser automatizadas e personalizadas pela Inteligência Artificial, sem precisar ser um expert no assunto.

Conhecer e dominar a Inteligência Artificial Generativa em todas as áreas do conhecimento é importante para impulsionar a inovação, melhorar a produtividade, personalizar experiências, acelerar a pesquisa e desenvolvimento, resolver problemas complexos e se adaptar à era da transformação digital.

Com apenas um smartphone na mão, milhões de pessoas no planeta já estão acessando a tecnologia que tem o potencial de impulsionar avanços significativos em todas as áreas, tanto no trabalho quanto na vida pessoal.

E esse guia tem como objetivo fornecer uma perspectiva esclarecedora sobre o uso dessa tecnologia e ajudar as pessoas a se sentirem mais confiantes em explorar essas novidades.

Ao longo dessa jornada, você vai conhecer um pouco mais sobre os novos modelos de linguagem que têm o potencial de transformar o modo como vivemos e trabalhamos, mas que também trazem riscos ainda não totalmente mensurados.

Esse guia vai falar de uso ético, impactos sociais, ameaças reais e também das discussões que estão em curso sobre o uso e o futuro da Inteligência Artificial Generativa.

Ao final, você será capaz de entender o potencial da IA Generativa, seus benefícios e desafios e ainda terá as informações necessárias para escolher o aplicativo de IA mais adequado aos seus propósitos, com responsabilidade e ética, sem medo.

CAPÍTULO 1

APRESENTANDO A

IA generativa

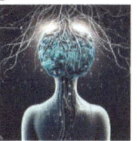

1.1) COMO TUDO COMEÇOU

A inteligência artificial (IA) é uma tecnologia que permite que as máquinas executem tarefas que normalmente exigem a presença de um ser humano, como reconhecimento de fala e resolução de problemas.

O conceito de inteligência artificial surgiu na década de 1950, quando os cientistas da computação começaram a explorar como as máquinas poderiam imitar os processos de pensamento humano, como aprendizado, tomada de decisão e compreensão da linguagem.

O termo "inteligência artificial" nasceu em 1956, criado por John McCarthy, Marvin Minsky, Nathaniel Rochester e Claude Shannon na Conferência de Dartmouth.

Essa conferência marcou o início da IA como um campo de estudo acadêmico com o objetivo de desenvolver uma máquina tão inteligente quanto os humanos.

Nas décadas de 1950 e 1960, a pesquisa de IA concentrou-se na criação de modelos de cognição humana, como resolução de problemas e processamento de linguagem.

No entanto, o progresso foi prejudicado por recursos de computação limitados e falta de compreensão de como o cérebro humano funciona. Nas décadas de 1970 e 1980, a pesquisa de IA mudou para uma abordagem baseada em regras. O conhecimento especializado foi programado em sistemas para resolver problemas específicos, repetindo padrões.

O advento de algoritmos de aprendizado de máquina e redes neurais na década de 1990 revitalizou a pesquisa de IA, permitindo que as máquinas aprendessem com os dados e tomassem decisões mais sutis.

Nascia então o Big Data, área do conhecimento que estuda conjuntos de dados muito grandes para tratar, analisar e obter informações.

No século 21, a IA fez grandes progressos graças aos avanços em aprendizado de máquina, aprendizado profundo (*deep learning*) e Big Data.

Com todos esses avanços recentes, a IA passou de sistemas baseados em regras para sistemas baseados em aprendizado.

E está caminhando para aprender sozinha.

1.2) O QUE É INTELIGÊNCIA ARTIFICIAL GENERATIVA?

No deslumbramento de descobrir e aprender sobre a inteligência artificial generativa, poderia dizer que ela é como uma máquina fascinante que pode criar coisas novas e originais a seu pedido.

É como se ela tivesse um cérebro próprio e pudesse pensar e criar imagens, músicas, receitas de bolo, poesia, cartões de aniversário, textos, pedido de desculpas, cartas de amor, e-mail corporativo, projeto de startup, arte gráfica, selfies de personagens da história, faces de humanos que nunca nasceram e até mesmo vídeos de situações inventadas, a partir de um simples comando seu.

A IA também tem o potencial de revolucionar a saúde, auxiliando no diagnóstico, tratamento e rastreamento de doenças.

No setor de varejo, chatbots e assistentes de compras pessoais com tecnologia de IA transformaram as experiências dos clientes, aumentando as vendas.

Veículos autônomos estão sendo desenvolvidos usando tecnologia de IA, permitindo um futuro de transporte mais seguro e eficiente. Por enquanto, os testes custaram alguns acidentes fatais. Segundo um relatório do NHTSA, órgão regulador do trânsito nos Estados Unidos, 70% dos acidentes registrados entre junho de 2021 e maio de 2022 envolvendo veículos autônomos, eram carros da Tesla. No total, foram 394 acidentes com 18 mortes.

A IA está automatizando muitas tarefas de rotina, desde a entrada de dados até o trabalho na linha de montagem, deixando milhares de trabalhadores desempregados. No entanto, a IA também está criando novos empregos em áreas como análise de dados, programação e desenvolvimento.

À medida que a IA continua a se desenvolver, ela terá um grande impacto no mercado de trabalho, criando oportunidades e desafios.

Enfim, é uma máquina com uma imaginação infinita que pode criar coisas incríveis e assustadoras a partir do nada.

E você só vai pagar por isso, se quiser.

Plataformas e aplicativos têm versões grátis que entregam muitas funções. O que é melhor: você já tem essa ferramenta, bem aí no seu smartphone.

O uso acessível dessa tecnologia explodiu no primeiro semestre de 2023, com milhões de pessoas descobrindo o poder das máquinas que podem mudar a forma como vemos o mundo e a criatividade humana.

A adesão avassaladora do planeta aos chatbots de modelo GPT provocou uma corrida de governos e especialistas para entender o que está acontecendo, o que ainda pode acontecer e como mitigar os riscos de uma tecnologia que tem sérias implicações de ética, de viés e de sobrevivência da força de trabalho.

Afinal, estamos diante de uma "mente criativa", alimentada com bilhões de informações. Uma "mente" abastecida com imagens, músicas, histórias ou qualquer outra coisa que a máquina possa aprender.

Agora você tem como assistente pessoal uma artista, um compositor, uma escritora, um chef de cozinha que vão produzir conteúdos originais para você. Mas que, ao mesmo tempo, vão desafiar a sua própria criatividade, originalidade e seus valores como pessoa humana. Vamos descobrir mais?

1.3) COMO FUNCIONA A INTELIGÊNCIA ARTIFICIAL GENERATIVA?

A Inteligência Artificial (IA) é um campo que envolve o desenvolvimento de programas de computador capazes de imitar certas habilidades humanas, como aprender, raciocinar e tomar decisões. Mas segue padrões repetitivos.

A IA Generativa é, portanto, um ramo específico da IA que se concentra em criar/gerar conteúdos inéditos, e até mesmo interagir com os seres humanos, como se humana fosse.

A magia acontece através de redes neurais artificiais, que são estruturas computacionais inspiradas no funcionamento do cérebro humano. Isso envolve a utilização de modelos de deep learning para gerar novas imagens, áudios, vídeos e até mesmo textos.

Essas redes neurais são treinadas por seres humanos que usam uma enorme quantidade de dados para ensinar o modelo a produzir conteúdos criativos e originais.

Então, são os seres humanos - que trabalham ao nível de exaustão e ganham muito pouco - que criam os algoritmos que vão gerar novos dados ou novas informações a partir daquelas que já existem.

Por exemplo, uma IA generativa pode ser treinada a "ler" uma grande coleção de pinturas famosas e, em seguida, gerar suas próprias "obras de arte" únicas seguindo o estilo dos grandes mestres.

Nessa edição eu vou te mostrar uma arte que gerei inspirada no Van Gogh. Eu até gostei e vou emoldurar.

Mas verdade seja dita: embora seja capaz de produzir conteúdo interessante, a IA generativa ainda não possui a mesma intuição e emoção de um ser humano.

Por isso, é considerada uma ferramenta poderosa para complementar a criatividade humana, mas não para substituí-la.

1.4) QUAL A DIFERENÇA ENTRE INTELIGÊNCIA GENERATIVA X INTELIGÊNCIA CONVENCIONAL ?

A diferença entre a IA generativa e a inteligência artificial convencional é que a primeira é capaz de criar novos conteúdos, enquanto a segunda é programada para executar tarefas específicas. Está presente na nossa vida há tanto tempo, que já não a percebemos. Se você usa o Waze para saber quanto tempo vai levar para chegar a um destino, por exemplo, ou se recebe indicações de filmes na Netflix de acordo com suas preferências, você já está usando a IA convencional.

Por sua vez, IA generativa usa modelos e algoritmos que aprendem com os dados e geram novos resultados, como texto, imagens, áudio ou código. A inteligência artificial convencional usa modelos e algoritmos que reconhecem padrões e fazem previsões, como classificação, reconhecimento ou análise.

Outros exemplos: o ChatGPT é uma ferramenta de IA generativa que pode escrever textos originais e criativos a partir de comandos ou perguntas. O Google Tradutor é uma ferramenta de inteligência artificial convencional que pode traduzir textos de um idioma para outro.

O DALL-E é uma ferramenta de IA generativa que pode criar imagens fantásticas a partir de descrições textuais. O Google Fotos é uma ferramenta de inteligência artificial convencional que pode organizar e editar as sua fotos armazenadas no computador ou celular.

A IA generativa e a inteligência artificial convencional têm suas vantagens e desvantagens, dependendo do objetivo e do contexto de uso.

A IA generativa pode ser mais inovadora e surpreendente, mas também pode ser mais imprevisível e inconsistente. A inteligência artificial convencional pode ser mais confiável e precisa, mas também pode ser mais limitada e repetitiva.

1.5) QUAIS SÃO AS APLICAÇÕES DA IA GENERATIVA?

A IA generativa tem muitas aplicações possíveis e promissoras em todos os campos e setores do conhecimento. Neste exato momento, outras dezenas de ferramentas estão surgindo no mundo. Algumas delas já estão acessíveis a qualquer pessoa com um smartphone ou computador e podem ser muito úteis e até perigosas se usadas com propósito criminoso.

Criação de imagens: a IA generativa pode criar imagens realistas ou fantásticas a partir de descrições textuais ou de imagens existentes. Essa aplicação pode ser usada para fins artísticos, educacionais, comerciais ou de entretenimento. Por exemplo, o DALL-E pode gerar imagens de animais com características inusitadas a partir de um comando de texto; o Dream Studio pode gerar vídeos a partir de desenhos simples; o NVIDIA StyleGAN pode gerar rostos humanos que não existem na realidade. O Midjourney também foi treinado para gerar imagens e artes a partir de comandos de texto.

Geração de texto: a IA generativa pode escrever textos coerentes e criativos a partir de comandos ou perguntas. Essa aplicação pode ser usada para fins jornalísticos, acadêmicos, literários ou de comunicação. Por exemplo, o ChatGPT pode escrever artigos, poesias, roteiros e até resumos; o Bing Chat pode conversar com os usuários sobre diversos assuntos, como se fosse um ser humano e ainda pode ser adicionado ao teclado do WhatsApp na configuração de teclados; o GitHub Copilot pode gerar código a partir de descrições de funções.

Geração de áudio: a IA generativa pode criar áudios originais ou imitando vozes humanas ou animais. Essa aplicação pode ser usada para fins musicais, sonoros, educacionais ou de dublagem. Por exemplo, o Lyrebird pode imitar vozes de celebridades ou personalidades; o Google Duplex pode fazer ligações telefônicas usando uma voz natural.

Geração de dados: a IA generativa pode criar dados sintéticos que podem ser usados para treinar outros modelos de IA ou para testar hipóteses. Essa aplicação pode ser usada para fins científicos, estatísticos, médicos ou de segurança. Por exemplo, o Synthea pode gerar dados médicos realistas e anônimos; o DataSynthesizer pode gerar dados tabulares que preservam as propriedades dos dados originais; o GPT-4 da OpenAI pode gerar planilhas a partir de descrições textuais.

CAPÍTULO 2

PREPARAÇÃO

para o uso da IA generativa

2.1) COMO ESCOLHER A IA GENERATIVA QUE VOU USAR?

É hora de guiá-lo por um caminho repleto de possibilidades e ajudá-lo a fazer a escolha dos aplicativos e plataformas que serão úteis no seu trabalho, relacionamentos e vida pessoal.

Todos os dias surgem novas ferramentas para geração de conteúdo original. Cada uma traz características próprias para despertar sua curiosidade e imaginação.

Mas como saber qual delas é a escolha certa? Primeiro, mergulhe no seu propósito.

O que você deseja criar ou explorar com a ajuda da IA generativa?

Seria uma obra de arte singular, uma música inspirada no Drake ou talvez uma história de terror para o seu próximo podcast?

Quem sabe você só quer turbinar suas redes sociais para ganhar mais cliques e ter mais engajamento?

Uma boa dica é buscar avaliações e opiniões de outras pessoas que já estejam usando as ferramentas. A experiência de quem você confia e respeita pode lançar luz sobre o caminho que você deseja seguir.

Considere a confiabilidade e a excelência da plataforma, bem como o suporte e a comunidade que a cercam.

Pesquise e aprenda sobre as funcionalidades de cada aplicativo ou plataforma.

Descubra quais recursos e possibilidades eles oferecem.

Alguns podem ter algoritmos avançados para gerar imagens realistas, enquanto outros podem ter uma abordagem mais poética e abstrata.

Compreenda o poder e as limitações de cada um e decida qual deles é melhor para você.

Confie em sua intuição. Você é o protagonista dessa jornada e, no fundo, sabe qual caminho seguir.

Por fim, pesquise com curiosidade, ouça os conselhos daqueles que vieram antes de você e, acima de tudo, ouça sua imaginação.

Se você prefere ganhar tempo e seguir um atalho para todas essas descobertas, leia esse guia até o final.

Ao longo dessa jornada de conhecimento, eu vou te mostrar alguns dos aplicativos e plataformas mais extraordinários de IA generativa, como usa-los e como eles interagem com os seres humanos das mais diferentes formas.

Num clique, vamos sair do campo das ideias para a prática, com exemplos úteis que estão disponíveis no mundo.

2.2) AGORA É SUA VEZ

Pegue o celular e vamos começar a usar a IA generativa. É importante seguir alguns passos

Escolha uma ferramenta de IA generativa adequada ao seu objetivo na loja de aplicativos do Android ou IOS. O mais famoso, o ChatGPT também pode ser acessado pelo browser do computador. Tem o passo a passo logo ali nas próximas páginas.

Como toda hora surge um aplicativo novo lá na loja do seu celular, leia a descrição do que a ferramenta faz, quem criou, que dados seus o app vai acessar, quantas estrelas têm, e as avaliações de quem já baixou o app. Desconfie de apps que ninguém baixa.

Veja que conteúdo o aplicativo oferece de graça e quais são cobrados dentro da ferramenta. Tem app cobrando por funções que outros oferecem de graça. Você não precisa pagar nada para usar a IA generativa, a não ser que você precise muito do conteúdo pago.

Dica da autora: Dá uma olhada no site https://aivalley.ai - Esse site é atualizado diariamente com todas as ferramentas de AI disponíveis no mundo e traz centenas de comandos prontos para você escolher e por área de interesse: produtividade, geração de imagens, vídeo ou música, criação de conteúdo, design, startup, Copywriting, educação, marketing, chatbots e tudo o mais que você possa ou não imaginar.

2.3) APP ESCOLHIDO, COMO USÁ-LO?

Vamos começar a explorar esse novo mundo pela parte mais importante da nossa interação com a Inteligência Artificial Generativa: o prompt (tem gente que chama de input). A gente vai falar disso ao longo de todo o guia.

Esse verbo em inglês tem muitos significados e o que nos interessa é o sinônimo "induzir", "incitar". Nada mais é que o comando por escrito (pode ser áudio também) que faremos para a Inteligência Artificial gerar um conteúdo original.

O prompt é a ferramenta essencial para acionar a Inteligência Artificial, pois é através dele que o usuário pode interagir com o sistema e fornecer informações para que a IA possa processar e fornecer respostas adequadas.

Ou seja, o prompt é a interface entre o usuário e a IA, permitindo que você faça perguntas, dê comandos e forneça dados para que a IA possa realizar tarefas específicas. Sem o prompt, a IA não teria como receber informações do usuário e, portanto, não seria capaz de realizar suas funções.

E uma dica valiosa: você não precisa quebrar a cabeça com isso. Os apps de ChatGPT têm modelos prontos de prompt, dezenas deles.

Escolha um e divirta-se.

2.4) COMO ESCOLHER O PROMPT?

A escolha do prompt é uma decisão humana. Só você pode dizer e escrever o que você quer da Inteligência Artificial Generativa. É a partir do seu comando - por escrito ou gravação de voz - que o modelo de linguagem vai gerar o conteúdo de que você precisa.

Esses dados serão usados como base para a geração de novos conteúdos. Os comandos que irão orientar a geração devem ser precisos e objetivos.

Se você quer usar o ChatGPT para escrever um resumo de um livro, você pode fornecer o título e o autor do livro como comando. Você terá o resumo em alguns segundos.

Se você quer usar o DALL-E para criar a imagem de um unicórnio azul com asas amarelas, você pode fornecer essa descrição textual como prompt.

Feito isso, vamos avaliar os resultados gerados pela IA. Você deve verificar se eles atendem ao seu objetivo e as suas expectativas. Você pode comparar os resultados com os dados originais ou com outros exemplos similares. Você também pode verificar se os resultados são coerentes, originais e criativos.

Se você não ficar satisfeito, pode tentar refiná-los usando algumas estratégias como alterar o prompt fornecido ou os comandos dados para a IA generativa, usando termos mais específicos.

Você também pode combinar os resultados gerados por diferentes ferramentas de IA generativa, usando uma para complementar ou melhorar a outra. Por exemplo, você pode usar o ChatGPT para escrever um texto e depois usar o DALL-E para ilustrá-lo.

2.4.1) EXEMPLOS PRÁTICOS DE PROMPTS

- Crie letras de músicas sobre (*inserir o assunto*).
- Escreva publicações para as minhas mídias sociais sobre (*inserir o tema*) e inclua as hashtags para gerar mais engajamento.
- Prepare um plano de conteúdo de mídia social para uma semana (*indique as redes que você usa*)
- Encontre os principais influenciadores de mídias digitais (*informe qual a plataforma que você está usando*)
- Crie frases motivacionais exclusivas para as mídias sociais (*informe a mídia usada*)
- Crie uma redação bem estruturada para (*incluir o tema*) Expresse a mesma ideia de forma diferente (*incluir o texto*)
- Elabore um currículo profissional (*inclua a descrição de trabalho anterior, incluindo a duração de cada função*)
- Produza reescritas únicas para o texto (*inclua o seu texto na caixa de diálogo*) Resolva equações matemáticas (*insira a equação*)
- Verifique gramática e ortografia (*insira o texto a ser corrigido*)
- Quero ideias de negócio gratuitas (*indique a área ou campo em*

que você deseja se desenvolver)
- Faça um programa personalizado de exercícios (*inclua o que você gosta, se aeróbico, alongamento, etc*)
- Gere "quebra-gelos" exclusivos de aplicativos de namoro (*informe o seu gênero, se quiser*)
- Gere perguntas criativas para o primeiro encontro
- Pense em atividades divertidas para fazer com as crianças (*você pode incluir o número de crianças e dizer se as atividades são ao ar livre, ou não*)
- Descubra pontos turísticos perto de mim (*diga onde você está*)
- Gere lindos elogios para o meu parceiro/parceira (*diga o nome*)
- Resuma o livro (*incluir o nome do livro e do autor, não precisa copiar e colar o livro todo*)
- Forneça recomendações de leitura (*forneça o gênero de literatura que você prefere*)
- Verifique os eventos históricos do dia do meu nascimento (*inclua o dia*)
- Escreva um e-mail com pedido de desculpas para alguém que eu magoei (*dê mais detalhes para uma resposta mais personalizada*)

dica da autora: o ChatBox, o ChatGPT, o Bing e o Bar, assim como outras plataformas, trazem muitos exemplos de prompts

CAPÍTULO 3

POR DENTROS DOS

apps e plataformas

3.1) ENTENDENDO O CHATGPT

Milhões de pessoas em todo o planeta já estão usando múltiplas versões do ChatGPT em diferentes plataformas e aplicativos. A maioria usa de graça. Outras pagam para acessar recursos mais sofisticados dessa ferramenta que vem dando o que falar.

O modelo foi desenvolvido pela OpenAI - uma empresa de pesquisa de Inteligência Artificial que tem o polêmico Elon Musk entre os seus fundadores - e foi lançado em novembro de 2022 sem muito alarde. Poucos meses depois do lançamento, mais de 100 milhões de pessoas teriam baixado o app em seus celulares.

Aplicativos mais recentes já estão sendo atualizados ou criados com base na arquitetura GPT4 - um dos modelos de conversação mais avançados oferecidos pela OpenAI atualmente. Ninguém precisa ser vidente para saber que logo esses modelos serão ultrapassados.

GPT significa "Generative Pre-trained Transformer" (Transformador Pré-Treinado Generativo), e o número refere-se à versão específica do modelo.

O ChatGPT usa a tecnologia machine learning, aprendizado profundo (deep learning), compreensão e geração de linguagem natural para conversar com você. A tecnologia foi treinada para imitar a conversa humana e gerar respostas em forma de textos, áudio e imagem - a que você pedir.

No treinamento foi usada uma gigantesca quantidade de dados textuais coletados na internet, como livros, artigos, sites e mídias sociais. Seres humanos - contratados em regime de micro trabalho (tarefas digitais realizadas online e mal pagas) e espalhados por todas as partes do planeta - ensinaram as máquinas a criar uma linguagem natural e a gerar respostas coerentes.

A tecnologia está disponível como uma API que pode ser integrada a diferentes aplicativos - por isso a profusão de apps e plataformas que usam a mesma tecnologia e a embalam com outros nomes. API é a sigla de **Application Programming Interface**. Em linguagem leiga, até porque não sou profissional de TI, é um pacote de ferramentas, protocolos e definições para a criação de softwares. A OpenAI entrega a API mediante um contrato comercial, claro, e quem a recebe coloca esse pacote pronto com outra "roupa" e outra aparência, por assim dizer.

Entretanto, o conhecimento que essa ferramenta possui ainda está limitado a fatos, eventos, notícias e conteúdos disponíveis na internet até 2021. Isso quer dizer que a ferramenta não tem informações atualizadas e também produz muito conteúdo errado e defasado - o que compromete profundamente a confiabilidade dos dados. Então, é fundamental que cada usuário dessa ferramenta examine e edite as informações que a IA gera, apelando para fontes mais confiáveis como sites e documentos oficiais.

Para começar a usar você nem precisa baixar aplicativo. Só digitar no browser ou seu navegador o endereço do chat e começar. Nas páginas a seguir você tem um exemplo ilustrado de como fazer isso.

3.1.1) PASSO A PASSO DO CHATGPT DA OPENAI

- No browser
- Digite https://chat.openai.com
- A tela inicial dá exemplos do que você pode perguntar, explica o que a IA é capaz e também suas limitações.
- Envie sua mensagem
- Não há limite de temas, você pode pedir o que quiser mas cuidado ao compartilhar informações sensíveis de fonte desconhecida.
- As respostas são objetivas
- Copie e cole
- Arquive as conversas
- Se você não estiver satisfeito com a resposta, pode pedir para a ferramenta gerar outra, o que leva alguns segundos.
- Se você for usar a resposta em algum documento, melhor checar as informações em fontes oficiais e confiáveis. Não compartilhe fake news.
- O ChatGPT arquiva as mensagens trocadas, caso você precise consultá-las em algum momento. Pagar pelo plano Plus, só se

você quiser ou precisar muito. Eu não recomendo gastar nada com isso.

3.2) E O CHATBOX-GPT4?

O ChatBox-GPT4 é o primo mais novo e mais maduro do ChatGPT. Ele usa a mesma API da OpenAI, empresa que vem liderando essa corrida rumo ao futuro, mas é entregue pela companhia Florate Limited com outra roupa. O ChatBox tem tudo para desbancar o queridinho mais velho, não porque fala em nove idiomas. Mas sim porque a interface dele facilita muito a vida de quem tem dificuldades com os prompts. O ChatBox traz os prompts mais populares e muitas ferramentas para aprimorar sua experiência de bate-papo. Um dos prompts que mais me divertem é "Converse com uma IA sarcástica e espirituosa". Como a IA não tem emoção, é engraçado ver que ela sabe o que é sarcasmo. Tão humano.....

3.2.1) PASSO A PASSO DO CHATBOX

- Na sua loja de aplicativos
- Busque por: ChatBox: AI Chat Bot Assistant desenvolvido por Florate Limited
- A primeira tela te leva para o chat
- Se você não sabe o que perguntar, veja as sugestões de "prompts" no canto direito inferior da tela.
- Escolha um "prompt"
- O app divide os "prompts" - que são os comandos para a IA executar - em Populares, Aprendizado e Socialização
- São mais de 100 "prompts"
- Copie e cole
- O Chat não arquiva as conversas
- Foque nos seus objetivos. Quanto mais detalhada for a sua pergunta ou comando, mais precisa e útil será a sua resposta.
- Para copiar, basta clicar sobre a resposta. Antes, cheque as informações sensíveis em fontes oficiais e confiáveis. Não compartilhe fake news.
- O ChatBox não arquiva as mensagens trocadas, nem na modalidade paga. Pagar pelo plano Pro, custa em torno de R$200/ano

3.2.2) A INTERFACE DO CHATBOX

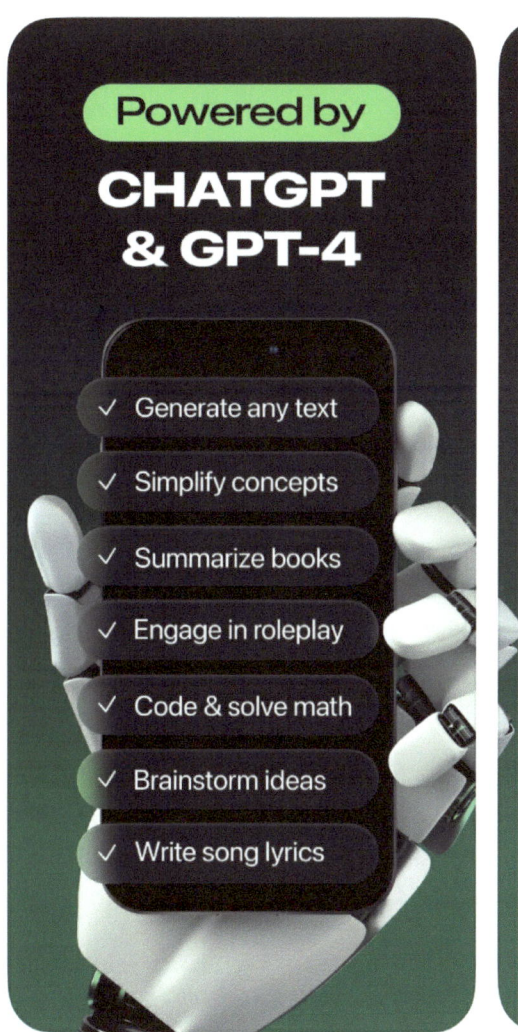

3.3) O que faz o Perplexity?

Depois que expliquei como funcionam o ChatGPT e o ChatBox quero me aprofundar na minha ferramenta favorita de IA Generativa: o Perplexity.

Em inglês, a definição do substantivo perplexity diz que é a incapacidade de lidar ou entender algo complicado ou inexplicável.

Mas baixar o app, segundo as próprias palavras do desenvolvedor, a Perplexity AI, Inc., é como ter um superpoder em seu telefone que permite buscar, descobrir, pesquisar e aprender mais rápido do que nunca.

Coisas que o GPT já faz.

Só que o Perplexity traz muitas diferenças – e vantagens - em relação ao ChatGPT.

Primeiro a interface. A aparência é diferente e traz uma experiência mais aprofundada e amigável. O usuário pode fazer uma pergunta e o próprio chat sugere uma lista de prompts correlatos que você pode usar, se quiser.

O usuário também pode escolher entre respostas curtas,

concisas, ou mais longas. E, em cada resposta, recebe informações adicionais para buscar, ele próprio, outras fontes de consulta e o contexto daquele conteúdo que está pesquisando.

Para baixar o app não precisa ter conta de usuário e nem pagar nada. Não há limites para perguntas nem publicidade intercalando o conteúdo. Outra coisa muito legal, o app mantém seu thread history, ou histórico de tópicos, para que você possa continuar suas pesquisas de onde parou.

Neste guia eu vou mostrar onde encontrar o app e outras vantagens dele em relação ao ChatGPT.

Para começar, veja a entrevista que fiz com o Perplexity e descubra você mesmo com a IA "pensa".

Pergunta: Em janeiro de 2023, o ChatGPT alcançou a assombrosa marca de 100 milhões de usuários no mundo. O que o seu modelo oferece aos usuários que o ChatGPT não tem?

Perplexity: Como modelo de linguagem treinado pela OpenAI, eu ofereço aos usuários a capacidade de conversar de maneira amigável e ajudá-los a encontrar respostas para as suas perguntas. Além disso, a Inteligência Artificial pode ser usada para executar tarefas complexas, como a comunicação com clientes online. A IA também pode transformar a experiência do cliente, fornecendo respostas instantâneas 24 horas por dia, 7 dias por semana. Por fim, a IA pode criar experiências altamente personalizadas para o usuário, aprendendo novas informações a partir de dados que não seriam detectados de outra forma usando métodos tradicionais.

(nota da autora: o que o Perplexity não respondeu é que esse modelo de linguagem informa as fontes em que foi buscar a resposta apresentada. Cada resposta traz uma lista de até cinco fontes atualizadas. Ao clicar em um item dessa lista, o usuário é levado diretamente para a fonte da informação. Na verdade, o Perplexity me pareceu um ótimo atalho de pesquisa com um resumo objetivo do conteúdo pesquisado.)

Para nós, jornalistas, e para todos os que trabalham com dados, essa ferramenta funciona como um "acelerador" de buscas mais eficiente que o Google. Só temos que ter atenção redobrada a datas.

Pergunta: Quais são os seus limites éticos na construção de textos e informações solicitadas pelo usuário do seu serviço?

Perplexity: Eu sou programado pera seguir os limites éticos e morais estabelecidos pelos meus desenvolvedores. Além disso, é importante lembrar que a IA deve ser transparente, auditável e confiável, e, se possível, validada por supervisão humana. A IA também deve ser usada de forma responsável e ética, levando em consideração o contexto social e as possíveis implicações de suas decisões. É importante lembrar que a IA não deve ser usada para discriminar ou prejudicar grupos de pessoas e deve ser usada para melhorar a vida das pessoas e da sociedade como um todo.

Pergunta: Quais são os riscos do uso não ético da Inteligência Artificial?

Perplexity: Pode trazer vários riscos, incluindo a discriminação de grupos de pessoas, a violação de privacidade e a tomada de decisões que afetam diretamente a vida das pessoas sem supervisão humana. É importante lembrar que a IA deve levar em consideração os direitos humanos, evitando discriminações e preconceitos. Para isso, é necessário o desenvolvimento de novos algoritmos de inteligência artificial, ou seu uso de maneiras inovadoras, levando em consideração questões éticas, sociais e legais.

(nota da autora: Aqui uma das fontes citadas é um artigo do professor André Carlos Ponce de Leon Ferreira de Carvalho, da USP de São Carlos, publicado na SciElo Brasil em janeiro de 2021)

Pergunta: Como a OpenAI escolhe suas fontes de informação e como sabe se elas são confiáveis?

Perplexity: Eu não escolho minhas fontes de informação,

mas sou programado para processar grandes quantidades de textos e usar esse conhecimento para responder perguntas e fazer previsões. No entanto, é importante lembrar que a confiabilidade das fontes de informação é fundamental para garantir a precisão e qualidade das respostas. É importante considerar a reputação e a credibilidade da fonte. Jornalistas, escritores e roteiristas devem buscar fontes confiáveis e verificáveis, como sites de notícia, livros, publicações científicas, relatórios oficiais e fontes reconhecidas no campo de interesse. A transparência e a *auditabilidade* dos processos também são fundamentais para garantir a confiabilidade das informações produzidas pela IA.

(*nota da autora: uma das fontes aqui é uma entrevista que o diplomata e pesquisador brasileiro Eugênio Vargas Garcia deu para a ONU News, da ONU. Ele falou sobre como a tecnologia e as recomendações da Unesco influenciam o uso ético da inovação.*)

Pergunta: Como jornalistas, roteiristas e escritores podem usar a IA generativa nas suas rotinas de trabalho?

Perplexity: Jornalistas, roteiristas e escritores podem usar a IA para encontrar respostas para perguntas específicas. A OpenAI é alimentada com grandes quantidades de texto e aprende a identificar padrões e fazer previsões mais precisas. Embora a IA possa ser útil em muitas situações, ela não é capaz de substituir completamente a mão de obra humana. Além disso, a IA pode ser usada para verificar a gramática e a ortografia de um texto. Por exemplo, jornalistas e escritores podem usar a IA para verificar se estão usando corretamente as palavras "por que", "porque, "porquê" ou "por quê".

3.3.1) PASSO A PASSO DO PERPLEXITY

- Procure na loja de aplicativos do Iphone ou do Ipad por Perplexity – Ask Anything

INTELIGÊNCIA ARTIFICIAL GENERATIVA

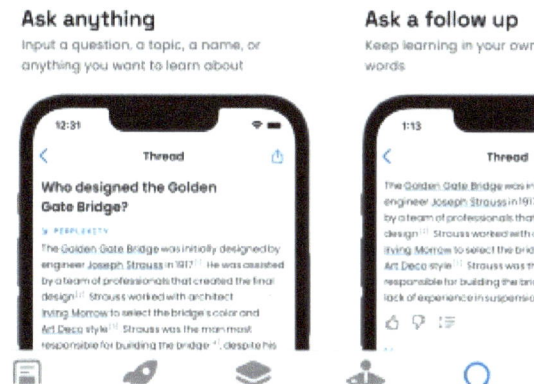

- Vai aparecer a tela acima
- Siga as instruções da tela

- Não requer conta de usuário
- Não tem limite de perguntas
- Não tem propaganda, é 100% grátis
- Cita todas as fontes que usa

3.4) O QUE FAZ O DALL-E?

Esse é um dos aplicativos de Inteligência Artificial Generativa mais divertidos e nem por isso menos perigosos, se usado com fins criminosos.

O DALL-E é um modelo desenvolvido pela OpenAI - a mesma que criou o ChatGPT - e se baseia na mesma arquitetura, mas é especializado em geração de imagens.

O nome "DALL-E" é uma combinação dos nomes do artista surrealista Salvador Dalí e do personagem de desenho animado WALL-E.

Ao contrário do GPT-3, que gera texto, o DALL-E tem a capacidade de gerar imagens a partir de descrições textuais.

Ele usa uma técnica chamada "auto-regressão condicional" para mapear descrições textuais em pixels de imagem. Dessa forma, você pode fornecer uma frase descritiva de uma imagem desejada (o prompt, lembra?) e o DALL-E tentará gerar uma representação visual correspondente.

O treinamento do DALL-E envolveu uma enorme quantidade de dados, com cerca de 12 bilhões de pares de imagem-texto. Ele aprendeu a reconhecer e sintetizar elementos visuais, como objetos, cenários e até mesmo conceitos abstratos.

O DALL-E tem a capacidade de gerar imagens completamente novas, combinando diferentes elementos e conceitos em uma única imagem. Eu vou te mostrar os passos para gerar essas imagem incríveis, já já.

Antes de mostrar o Dall-E em ação, é muito importante ressaltar que essa ferramenta é uma IA baseada em aprendizado de máquina e, portanto, sua geração de imagens nem sempre é perfeita.

Às vezes, ele pode produzir imagens estranhas ou com detalhes não realistas. A qualidade das imagens geradas também pode variar dependendo da complexidade da descrição fornecida.

Embora o DALL-E tenha mostrado resultados impressionantes na geração de imagens, ele também apresenta algumas limitações.

O modelo não possui compreensão completa do contexto visual, o que significa que ele pode gerar imagens que não fazem sentido ou que são fisicamente impossíveis.

Por outro lado, a ferramenta aprendeu a linguagem dos grandes mestres da história da arte e pode criar imagens originais no estilo de Van Gogh, de Vermeer, de Monet e quem mais você quiser.

O blog da OpenAi sobre o Dall-E informa que 88,8% dos usuários têm preferência por fotos realistas, que simulem uma imagem real. Mas tem muita gente brincando de artista com as inspirações que a própria ferramenta traz.

O Dall-E tem um pequeno limite de conteúdo grátis. Depois, só comprando créditos, que não são nada baratos.

3.4.1) IMAGENS GERADAS PELO DALL-E

Prompt: Peixe tropical fofo em 3D num aquário com fundo azul (Fonte: Dall-E)

Prompt: Skyline de cidade grande às margens de um rio no estilo de Van Gogh (Fonte: Dall-E)

3.4.2) PASSO A PASSO DO DALL-E

Reforçando: o Dall-E é uma ferramenta de geração de imagens criada pela OpenAI, que usa a inteligência artificial para gerar imagens a partir da descrição em texto. Lembre-se que o Dall-E ainda está em fase experimental e pode não ser perfeito em todas as situações. Tenha em mente que essas imagens que a ferramenta vai gerar sob seu comando são propriedade da OpenAI e a fonte deve ser sempre citada para não violar direitos de propriedade.

- Acesse o site https://openai.com/dall-e/ e clique em "Try Dall-E"
- Digite a descrição de imagem na caixa de texto
- Por exemplo, "um elefante rosa tocando violão"
- Clique em "generate"
- A imagem correspondente será gerada em alguns instantes
- Refine o pedido
- Tente novas configurações
- Download
- Se a imagem não estiver de acordo com seu pedido, dê mais detalhes

- Você pode experimentar diferentes tamanhos de imagens
- Quando você estiver satisfeito com a imagem gerada, você pode salvá-la

3.5) O que faz o novo Bing?

Em junho de 2023 - e sem muito alarde - a Microsoft promoveu o maior salto em relevância em duas décadas da sua ferramenta de pesquisa, o Bing. O novo Bing foi apresentado como "o seu copiloto alimentado por IA para a Web" e é fruto da parceria estratégica que a Microsoft tem com a OpenAi.

Agora, o Bing é executado em um novo modelo de linguagem de OpenAI, ainda mais poderoso e personalizado: o ChatGPT-4.

Segundo a Microsoft, o app ficou "ainda mais rápido, poderoso e capaz".

Com essa virada de modelo, o Bing tornou-se a primeira ferramenta de busca a oferecer uma experiência completa ao usuário. A maneira como cada pessoa interage com a pesquisa, navegador ou chat foi unificada. Ou seja, você pode pesquisar, gerar conteúdo inédito com a AI, comunicar-se em mais de 38 idiomas e usar a voz ou imagens como prompt, o que é uma ótima notícia para quem não quer ficar pulando de app em app.

Sobre a confiabilidade, tem outros muitos pontos a favor: os resultados são atualizados com as citações e fontes usadas a cada geração de conteúdo. E como se fosse pouco, o Bing ainda pode ajudar a desenvolver suas ideias, escrevendo rascunhos para você considerar. Por enquanto, está deixando as outras plataformas voando numa nuvem de pixels.

3.5.1) PASSO A PASSO DO BING

- Procure na loja de apps por Bing: Conversa IA & GPT-4
- ou digite https://www.bing.com
- Na barra inferior à direita do app, procure a janela da aplicativos
- Para gerar imagens, use o Bing Creator
- Clique no ícone do Bing Image Creator escrevendo um prompt objetivo, mas detalhado
- Refine as imagens geradas
- Caso você não goste das imagens, você pode dar comandos mais específicos e pedir para gerá-las novamente
- Faça download no seu arquivo de fotos
- Um simples comando de "salvar" armazena a imagem que foi gerada, a seu pedido, pela IA
- Cite sempre a origem da imagem gerada no Bing
- A fonte é: "Criador de Imagens da plataforma Dall- E"

3.5.2) ALGUMAS IMAGENS GERADAS PELO BING CREATOR

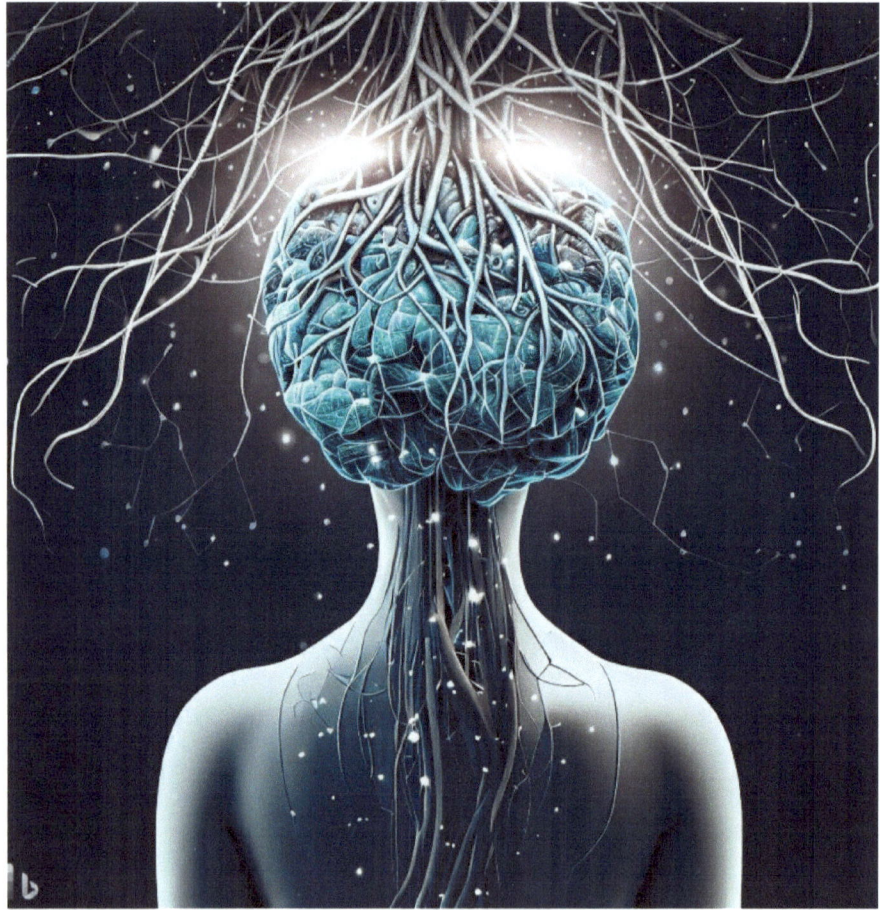

Prompt: um gato rosa com chifre de unicórnio sentado
à beira de um lago cheio de nenúfares ao estilo do Monet
(Fonte: Criado pelo Bing na plataforma Dall-E)

Prompt: Silhueta de mulher com redes neurais artificias saindo de sua cabeça em estilo realista (Fonte: Criado pelo Bing na plataforma Dall-E)

CAPÍTULO 4

APLICAÇÕES PRÁTICAS DA IA GENERATIVA

por áreas de atuação

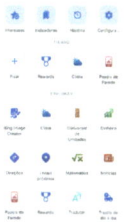

4.1) SE VOCÊ É ADVOGADO

Todas as áreas de conhecimento estão sendo impactadas pelo atual estágio de desenvolvimento das ferramentas acessíveis de Inteligência Artificial Generativa. Na área jurídica, os "assistentes pessoais de IA" podem ajudar os advogados a serem mais eficientes, precisos e estratégicos em seu trabalho

PESQUISA LEGAL

A IA pode acelerar a pesquisa, ajudando os advogados a encontrar rapidamente casos relevantes, estatutos e precedentes legais. Algoritmos de IA podem analisar grandes volumes de dados jurídicos, identificar padrões e fornecer resumos ou insights sobre a legislação aplicável.

ANÁLISE DE CONTRATOS

A IA pode analisar contratos e identificar cláusulas importantes, pontos problemáticos ou riscos potenciais. Isso economiza tempo e ajuda a evitar erros ou omissões em contratos importantes.

AUTOMAÇÃO DE TAREFAS REPETITIVAS

Tarefas repetitivas e rotineiras, como revisão de documentos, redação de petições ou preparação de documentos jurídicos padrão, podem ser automatizadas com IA. Isso libera tempo para que os advogados se concentrem em questões mais complexas e estratégicas.

PREVISÃO DE RESULTADOS JUDICIAIS

Com base em dados históricos de casos semelhantes, a IA pode ajudar a prever resultados judiciais, fornecendo uma avaliação estatística das chances de sucesso de uma ação. Isso pode ser útil para planejamento estratégico, tomada de decisões e negociações.

GERENCIAMENTO DE DADOS E SEGURANÇA

A IA pode ser usada para organizar e gerenciar grandes volumes de dados legais, facilitando a busca e a recuperação de informações relevantes. Além disso, a IA também pode ajudar a identificar riscos de segurança de dados e proteger informações confidenciais.

4.1.1) EXEMPLO DE RESPOSTA GERADA PARA ADVOGADOS

PROMPT: Qual a jurisprudência sobre condenação de motoristas que causam acidentes fatais depois de ingerir bebidas alcoólicas?

RESPOSTA GERADA PELO CHATGPT:

A jurisprudência sobre motoristas que causam acidentes fatais depois de ingerir bebidas alcoólicas varia de acordo com o país e o sistema jurídico em questão. No entanto, em muitos países, incluindo o Brasil, existem leis e jurisprudência que tratam desse tipo de situação de forma séria e punitiva.

Em geral, a jurisprudência estabelece que a condução sob influência de álcool é uma conduta irresponsável e perigosa, que coloca em risco a vida e a segurança de outras pessoas no trânsito. Caso um motorista embriagado cause um acidente fatal, ele pode ser responsabilizado criminalmente e estar sujeito a penas mais severas.

Além disso, a jurisprudência também costuma considerar a embriaguez como um agravante no julgamento de casos de acidentes fatais. Isso significa que, além das penas previstas para homicídio culposo ou doloso no trânsito, a conduta de dirigir embriagado pode resultar em penas mais rigorosas, como aumento do tempo de prisão ou agravamento das sanções aplicadas.

A jurisprudência também pode estabelecer a responsabilidade civil do motorista embriagado. Nesses casos, os familiares da vítima podem buscar indenização por danos morais e materiais causados pelo acidente, buscando compensação pelos prejuízos sofridos.

É importante ressaltar que cada caso é analisado individualmente, levando- se em consideração as circunstâncias específicas do acidente, como o grau de embriaguez, a velocidade, o comportamento imprudente do motorista, entre outros fatores relevantes.

Em conclusão, a jurisprudência tende a tratar com rigor os casos de motoristas embriagados que causam acidentes fatais, reconhecendo a gravidade dessa conduta e buscando responsabilizar criminalmente e civilmente os envolvidos, a fim de prevenir futuros acidentes e garantir a segurança no trânsito.

4.2) SE VOCÊ É ESTUDANTE

AUXÍLIO EM PESQUISA E TRABALHOS ACADÊMICOS

A IA pode ajudar você a encontrar informações relevantes para seus projetos de pesquisa e trabalhos acadêmicos. A IA generativa pode fornecer sugestões de fontes, resumir informações e até mesmo ajudar a elaborar citações corretas.

PRÁTICA DE IDIOMAS

Você pode utilizar o ChatGPT ou ChatBox para praticar diferentes idiomas. Converse com o modelo de linguagem, peça traduções, corrija erros gramaticais e aprenda novas expressões.

APOIO DA RESOLUÇÃO DE PROBLEMAS E EXERCÍCIOS

A IA pode ajudá-lo a resolver problemas e exercícios em várias disciplinas, como matemática, física, química e programação. Ele pode explicar conceitos complexos passo a passo e oferecer soluções para diferentes tipos de problemas.

CRIAÇÃO DE RESUMOS E REVISÕES

A IA pode auxiliá-lo na criação de resumos de textos e materiais de estudo. Você pode fornecer um texto (o prompt) para o modelo e pedir que ele resuma as informações mais importantes. Além disso, o ChatGPT pode ajudá-lo a revisar o conteúdo de forma interativa, respondendo a perguntas específicas sobre o material estudado.

ORIENTAÇÃO EM ESCOLHAS ACADÊMICAS E PROFISSIONAIS

A IA pode lhe orientar em relação a escolhas acadêmicas

e profissionais. Faça perguntas sobre diferentes carreiras, cursos universitários, programas de intercâmbio e opções de especialização. O modelo pode fornecer informações sobre requisitos, perspectivas de carreira e experiências de outros estudantes.

4.2.1) EXEMPLO DE RESPOSTA GERADA PARA ESTUDANTES

PROMPT: Escreva um resumo do livro Grande Sertão: Veredas do genial Guimarães Rosa.

RESPOSTA GERADA PELO CHATGPT:

"Grande Sertão: Veredas" é uma obra-prima da literatura brasileira escrita por João Guimarães Rosa e publicada em 1956. O livro é considerado um dos marcos da literatura modernista e da prosa experimental no Brasil.

A história é narrada pelo protagonista Riobaldo, um jagunço do sertão mineiro, que relata suas memórias, reflexões e experiências de vida. O enredo se desenrola em torno do conflito entre dois bandos rivais, liderados por Zé Bebelo e Hermógenes, e da busca de Riobaldo por um sentido para sua existência.

Ao longo da narrativa, o leitor é imerso em um universo mítico e complexo, com uma linguagem rica e inovadora. Guimarães Rosa utiliza o sertão como pano de fundo para explorar questões existenciais, filosóficas e sociais, abordando temas como violência, amor, poder, destino e a busca pela identidade.

Um aspecto marcante do livro é o uso do linguajar regional e a criação de uma linguagem singular, chamada de "Grande Sertão", que mescla expressões populares, arcaísmos e construções sintáticas peculiares. Essa inovação linguística contribui para a construção de uma atmosfera única e para a representação autêntica da cultura e do imaginário do sertão brasileiro.

"Grande Sertão: Veredas" é uma obra desafiadora e profunda, que explora as complexidades da condição humana e a relação do homem com a natureza e o mundo ao seu redor. É uma leitura intensa, repleta de reflexões sobre a vida e a sociedade, marcada pela genialidade e originalidade de Guimarães Rosa.

4.3) SE VOCÊ É PROFESSOR

RESPOSTAS RÁPIDAS ÀS PERGUNTAS DOS ALUNOS

Você pode usar uma ferramenta de chat para obter respostas rápidas a perguntas dos alunos durante as aulas. Isso pode economizar tempo e permitir que você forneça informações adicionais e esclarecimentos imediatos.

CRIAÇÃO DE MATERIAIS DE ENSINO

Você pode utilizar o ChatGPT ou ChatBox para criar planos de aula, apresentações e exercícios. O Chat pode sugerir ideias, fornecer exemplos e auxiliar na organização do conteúdo de forma clara e envolvente.

AVALIAÇÃO AUTOMATIZADA DE TAREFAS

Com a ajuda da IA, você pode automatizar parte do processo de avaliação de tarefas e trabalhos dos alunos. O ChatGPT e o ChatBox têm capacidade de analisar respostas de múltipla escolha, verificar a gramática e fornecer feedback básico sobre o conteúdo.

TUTORIA PERSONALIZADA

Com o ChatGPT e o ChatBox, o que você preferir, é possível fornecer tutoria personalizada aos alunos. O modelo pode interagir com os alunos, responder perguntas específicas, oferecer exemplos adicionais e fornecer explicações detalhadas de conceitos difíceis.

IDENTIFICAÇÃO DE PROBLEMAS DE APRENDIZADO

A IA pode ajudar a identificar padrões e tendências nos dados de desempenho dos alunos. A ferramenta pode analisar dados de avaliações e fornecer insights sobre áreas onde os alunos estão enfrentando dificuldades, permitindo que você ajuste sua abordagem de ensino de acordo com a necessidade.

4.3.1) EXEMPLO DE RESPOSTA GERADA PARA PROFESSORES

PROMPT: Escreva uma prova com 5 questões de múltipla escolha sobre a Cabanagem.

RESPOSTA GERADA PELO CHATGPT:

Questão 1: O movimento da Cabanagem ocorreu em qual região do Brasil?

a)   Sul do Brasil

b)   Nordeste do Brasil

c)   Norte do Brasil

d)   Centro-Oeste do Brasil

Questão 2: A Cabanagem teve início em qual ano?

a)   1807

b)   1815

c)   1822

d)   1835

Questão 3: Quais foram as principais causas que levaram ao surgimento da Cabanagem?

a)   A insatisfação com a dominação portuguesa e a busca por autonomia política.

b) A luta pela abolição da escravidão e a igualdade racial.

c) O desejo de independência em relação à Espanha e a anexação ao Império Brasileiro.

d) A busca por melhores condições de trabalho para os agricultores e a reforma agrária.

Questão 4: Qual era a principal demanda dos cabanos durante o movimento?

a) A redução dos impostos sobre os produtos exportados.

b) A melhoria das condições de vida nas áreas rurais.

c) A implementação de reformas sociais e políticas, como a criação de um governo popular.

d) A garantia dos direitos de propriedade dos grandes latifundiários.

Questão 5: Qual foi o desfecho da Cabanagem?

a) Os cabanos conseguiram alcançar suas reivindicações e estabeleceram um governo próprio.

b) As forças do governo reprimiram brutalmente o movimento, resultando em muitas mortes.

c) O movimento acabou em um acordo pacífico entre os cabanos e as autoridades.

d) Os cabanos foram derrotados por uma coalizão de tropas governamentais e estrangeiras.

Respostas corretas

1. c) Norte do Brasil

2. d) 1835

3. a) A insatisfação com a dominação portuguesa e a busca por autonomia política.

4. c) A implementação de reformas sociais e políticas, como a criação de um governo popular.

5. b) As forças do governo reprimiram brutalmente o movimento, resultando em muitas mortes.

4.4) SE VOCÊ É MÉDICO

GERAÇÃO DE RELATÓRIOS MÉDICOS

A AI generativa pode ajudar os médicos a gerar relatórios médicos detalhados e precisos de forma mais eficiente. Ela pode analisar dados do paciente, histórico médico e resultados de exames para gerar automaticamente relatórios completos, economizando tempo dos médicos e reduzindo erros de transcrição.

SIMULAÇÃO DE ÓRGÃOS E TECIDOS

Com a AI generativa, é possível criar simulações virtuais de órgãos e tecidos humanos com base em dados de pacientes. Essas simulações podem ajudar os médicos a visualizar e entender melhor as condições médicas de seus pacientes, facilitando o planejamento de cirurgias e tratamentos.

GERAÇÃO DE IMAGENS MÉDICAS

A AI generativa pode auxiliar na geração de imagens médicas de alta qualidade, como tomografias computadorizadas e ressonâncias magnéticas. Isso pode ser útil em situações em que a obtenção de imagens reais é difícil ou demorada, permitindo aos médicos uma visualização mais detalhada para ajudar no diagnóstico e planejamento de tratamentos.

CRIAÇÃO DE MEDICAMENTOS PERSONALIZADOS

A AI generativa pode ser usada para criar medicamentos

personalizados com base nas características genéticas e perfil de saúde de um paciente específico. Ao analisar grandes conjuntos de dados, a AI generativa pode identificar combinações de compostos químicos que são mais eficazes e seguras para um determinado indivíduo, levando a tratamentos mais personalizados e eficientes.

ASSISTÊNCIA NA TOMADA DE DECISÕES CLÍNICAS

A AI generativa pode fornecer suporte aos médicos na tomada de decisões clínicas. Por exemplo, utilizando dados de pacientes e evidências médicas, a AI generativa pode sugerir opções de tratamento com base em melhores práticas e pesquisas atualizadas. Isso pode ajudar os médicos a obter insights adicionais e considerar diferentes abordagens antes de tomar decisões importantes sobre o tratamento de um paciente.

4.4.1) EXEMPLO DE RESPOSTA GERADA PARA MÉDICOS

PROMPT (caso real):

Uma mulher de 45 anos Procurou atendimento médico em 15/5/2018, relatando início dos sintomas em 10/5/2018, com febre, cefaleia, astenia, anorexia, dor lombar, dores nos membros inferiores e hiperestesia cutânea. Negava prurido, queixas digestivas, respiratórias ou urinárias. No último final de semana que antecedeu o início dos sintomas (6 e 7/5/18), frequentou um sítio, mas não havia relato de outros casos febris entre as pessoas que também estiveram no sítio, porém, alguns vizinhos seus na cidade estavam com suspeita de dengue. O Exame Físico Geral mostrou temperatura axilar de 38,5o C. PA –120x 80mmHg. Peso - 62,5Kg. Orofaringe: normal, ligeiro exantema do tipo eritematopapular em todo o tegumento. Ausculta pulmonar, ausculta cardiovascular e abdome: sem anormalidades.

Conduta Diagnóstica: Foi solicitado hemograma e sorologia para dengue (1a amostra). Hemograma; Leucócitos 5.100/mm3 (segmentados: 64%, linfócitos: 30%, monócitos: 4%, eosinófilos: 1%, basófilos: 1%) e plaquetometria normal.

Qual é a hipótese diagnóstica?

RESPOSTA GERADA PELO CHATGPT:

Com base nas informações fornecidas, a hipótese diagnóstica mais provável é dengue. Os sintomas relatados pela paciente, como febre, cefaleia, astenia, anorexia, dor lombar, dores nos membros inferiores e hiperestesia cutânea, são característicos da dengue. Além disso, a paciente frequentou um sítio onde alguns vizinhos estavam com suspeita da doença.

O exame físico revelou temperatura elevada e um exantema eritematopapular em todo o corpo, que pode ser um achado típico da dengue. O hemograma mostrou leucócitos dentro da faixa normal e plaquetas normais, o que também é compatível com a dengue, já que a doença é conhecida por causar trombocitopenia em alguns casos.

No entanto, é importante destacar que o diagnóstico definitivo da dengue requer a confirmação laboratorial através de exames específicos, como sorologia para dengue. Portanto, a solicitação de sorologia para dengue (1ª amostra) foi adequada para confirmar o diagnóstico.

É importante ressaltar que esta é apenas uma hipótese diagnóstica com base nas informações fornecidas. O diagnóstico definitivo deve ser realizado por um médico, considerando os resultados dos exames laboratoriais e outros fatores clínicos relevantes.

4.5) SE VOCÊ É PUBLICITÁRIO

ANÁLISE DE DADOS

A inteligência artificial pode ajudar a analisar grandes quantidades de dados de clientes e mercado, identificando padrões, preferências e comportamentos. Isso pode fornecer insights valiosos para direcionar campanhas publicitárias de forma mais eficaz.

SEGMENTAÇÃO DE PÚBLICO-ALVO

Com base nos dados analisados, a inteligência artificial pode ajudar a identificar segmentos específicos de público-alvo com base em características demográficas, comportamentais ou de preferência. Isso permite que você personalize suas mensagens publicitárias e alcance o público certo.

AUTOMAÇÃO DE PROCESSOS

A inteligência artificial pode automatizar tarefas repetitivas e demoradas, como monitorar métricas de campanha, gerar relatórios, realizar análises de concorrência e até mesmo criar anúncios personalizados. Isso economiza tempo e recursos, permitindo que você se concentre em atividades mais estratégicas.

RECOMENDAÇÃO DE CONTEÚDO

Com base no comportamento do usuário e em padrões identificados, a inteligência artificial pode recomendar conteúdo personalizado para os consumidores. Isso inclui anúncios, ofertas especiais ou até mesmo sugestões de produtos relevantes, aumentando a eficácia das suas campanhas.

CHATBOTS E ASSISTENTES VIRTUAIS

A inteligência artificial pode ser utilizada para criar chatbots e assistentes virtuais que interagem com os consumidores, respondendo a perguntas comuns, fornecendo suporte e até mesmo ajudando na compra de produtos ou serviços. Isso melhora a experiência do cliente e aumenta a eficiência das interações.

4.5.1) EXEMPLO DE RESPOSTA GERADA PARA PUBLICITÁRIOS

PROMPT: Crie a campanha publicitária de um shampoo para cachorro que pode tingir o pelo do animal de cor de rosa ou azul sem danos à saúde, é removido com água morna e ainda trata o pelo do animal contra parasitas, como pulgas e carrapatos.

RESPOSTA GERADA PELO CHAT GPT:

Campanha Publicitária: Shampoo PetColor - Cores vibrantes e proteção para o seu melhor amigo!

Introdução: (Imagens felizes de cães brincando e se divertindo) Narrador: "Você ama o seu cãozinho e quer deixá-lo ainda mais especial, certo? Apresentamos o revolucionário Shampoo PetColor, a maneira divertida e segura de dar ao seu cãozinho um toque de cor único!"

Cena 1: (Imagem de um cãozinho com pelo branco) Narrador: "Imagine o pelo do seu cãozinho com cores vibrantes, como rosa ou azul. Com o Shampoo PetColor, você pode transformar o visual do seu pet e torná-lo o centro das atenções!"

Cena 2: (Imagem de uma família se divertindo enquanto dá banho no cão com o Shampoo PetColor) Narrador: "O Shampoo PetColor é formulado com ingredientes seguros e suaves, especialmente desenvolvidos para a pele sensível dos cães. Não contém substâncias prejudiciais, garantindo a saúde do seu melhor amigo."

Cena 3: (Imagem de cãozinho com pelo tingido de rosa ou azul, feliz e saudável) Narrador: "Além de trazer cores vibrantes, o Shampoo PetColor possui propriedades de tratamento contra parasitas indesejados, como pulgas e carrapatos. Seu cãozinho ficará protegido enquanto exibe seu estilo único!"

Cena 4: (Imagem de um cãozinho sendo enxaguado com água morna e o tingimento desaparecendo) Narrador: "E se você quiser voltar à cor original do pelo do seu cãozinho, não se preocupe! O Shampoo PetColor é removido facilmente com água morna, permitindo que você mude o visual do seu pet sempre que desejar."

Cena 5: (Imagem do produto, com embalagem chamativa e atrativa) Narrador: "Experimente o Shampoo PetColor e veja o pelo do seu cãozinho ganhar vida com cores incríveis! Cuide e divirta-se com seu melhor amigo, porque ele merece o melhor!"

Chamada para ação: (Imagem do produto com informações de contato)

Narrador: "Não perca tempo! Transforme o visual do seu cãozinho e proteja-o com o Shampoo PetColor. Visite nosso site ou procure nas melhores lojas de produtos para animais. PetColor - Cores vibrantes e proteção para o seu melhor amigo!"

Encerramento: (Imagem de um cãozinho feliz e satisfeito) Narrador: "PetColor, deixando o mundo dos pets mais colorido e cheio de alegria!"

É importante destacar que a campanha publicitária deve respeitar as regulamentações e diretrizes para produtos pet, garantindo a segurança e o bem-estar dos animais.

4.6) SE VOCÊ É JORNALISTA

COLETA E ANÁLISE DE DADOS

A IA pode ajudar na coleta e análise de grandes volumes de dados, permitindo aos jornalistas acessar informações relevantes e identificar padrões, tendências ou insights ocultos. Isso pode ser especialmente útil em investigações jornalísticas, análise de dados governamentais ou pesquisa aprofundada.

GERAÇÃO AUTOMÁTICA DE CONTEÚDO

A IA pode ser usada para gerar automaticamente notícias, relatórios e resumos de dados. Embora a qualidade e a precisão dessas gerações automáticas ainda estejam em desenvolvimento, essa tecnologia pode ser útil para tarefas simples e repetitivas, como atualizações de dados ou notícias de última hora.

VERIFICAÇÃO DE FATOS

A IA pode ajudar a verificar a veracidade das informações em tempo real, verificando fontes e cruzando dados. Isso é particularmente importante em um ambiente de notícias em rápida evolução, onde informações falsas ou imprecisas podem se espalhar rapidamente.

PERSONALIZAÇÃO DE CONTEÚDO

Com base nas preferências e histórico de leitura dos usuários, a IA pode ajudar a personalizar o conteúdo fornecido pelos jornalistas. Isso permite uma experiência de leitura mais relevante e envolvente para o público, aumentando o envolvimento e a fidelidade dos leitores.

ANÁLISE DE SENTIMENTO E DETECÇÃO DE TENDÊNCIAS

A IA pode ser usada para analisar o sentimento do público em relação a determinados tópicos, bem como detectar tendências emergentes nas redes sociais e em outras plataformas. Isso pode ajudar os jornalistas a identificar histórias em ascensão, compreender a opinião pública e adaptar sua cobertura.

4.6.1) EXEMPLO DE RESPOSTA GERADA PARA JORNALISTAS

PROMPT: Escreva um texto criativo sobre os assuntos mais buscados pelos internautas hoje, 12 de junho de 2023.

(nota da autora: preste muita atenção nas datas. Essa é uma evidência clara de que não podemos confiar na IA o tempo todo):

RESPOSTA GERADA PELA IA DO BING:

O mundo está de olho na Ucrânia, que enfrenta uma ameaça de invasão da Rússia. Os líderes mundiais tentam evitar um conflito armado, enquanto os internautas buscam informações sobre a situação geopolítica e histórica da região.

A Rainha Elizabeth também está entre os assuntos mais pesquisados hoje, depois de cancelar sua participação no aniversário de 70 anos do príncipe Andrew. A monarca britânica está se recuperando de uma infecção no peito e tem evitado aparições públicas.

Os fãs de críquete estão acompanhando as partidas entre Índia e África do Sul e Índia e Inglaterra, que estão movimentando o esporte. Os jogos fazem parte das séries de testes e têm gerado muita emoção e torcida.

No Brasil, a política e o futebol dominam as pesquisas. As Eleições 2022 estão cada vez mais próximas, e os brasileiros querem saber mais sobre os candidatos, as pesquisas eleitorais e as propostas para o país.

A Copa do Mundo 2022 também está na mente dos brasileiros, que esperam ver a seleção pentacampeã brilhar no Catar. Os internautas buscam informações sobre os grupos, as datas, os estádios e as curiosidades do torneio.

O Brasileirão está chegando ao fim, e os torcedores estão ansiosos para saber quem será o campeão nacional. O Corinthians lidera a tabela, mas o Atlético-MG ainda tem chances de alcançá-lo. Os internautas também querem saber sobre os rebaixados, os artilheiros e os destaques da competição.

4.7) SE VOCÊ É DONA DE CASA

DECORAR A CASA

A IA generativa pode auxiliar na visualização e criação de layouts e designs de interiores. Com base em descrições textuais, a IA pode gerar imagens de diferentes arranjos de móveis, esquemas de cores e decorações, ajudando você a experimentar diferentes opções antes de implementá-las.

RECEITAS PERSONALIZADAS

Com a ajuda da IA generativa, você pode fornecer detalhes sobre os ingredientes disponíveis e suas preferências alimentares, e a IA pode gerar receitas personalizadas com base nessas informações. Isso pode ser especialmente útil para explorar novas combinações de ingredientes ou atender a restrições dietéticas.

ORGANIZAÇÃO DOMÉSTICA

A IA generativa pode auxiliar na organização de tarefas domésticas, como criar listas de compras com base nas preferências e necessidades da família, planejar cronogramas de limpeza ou oferecer soluções criativas de organização de espaços, como armários ou despensas

DECORAÇÃO DE FESTAS

Ao planejar uma festa em casa, as donas de casa podem fornecer detalhes sobre o tema, preferências de decoração e estilo desejado, e a IA generativa pode sugerir ideias criativas para a decoração, como arranjos de mesa, disposição de balões e designs de convites.

INSPIRAÇÃO CULINÁRIA

A IA pode gerar ideias de pratos criativos e combinações de sabores únicos. Ao fornecer informações sobre os ingredientes disponíveis e suas preferências, a IA pode sugerir novas receitas e variações que podem surpreender e encantar a família.

4.7.1) EXEMPLO DE RESPOSTA GERADA PARA DONAS DE CASA

PROMPT: Tenho apenas três ovos, tomates e cenoura na geladeira, o que posso fazer com eles?

RESPOSTA GERADA PELO CHATGPT:

Com base nos ingredientes que você mencionou, aqui está uma sugestão de receita simples que você pode preparar:

Omelete de Tomate e Cenoura:

Ingredientes:

3 ovos

1 tomate médio

1 cenoura pequena

Sal e pimenta a gosto

Óleo ou manteiga para untar a frigideira

Instruções:

1. Quebre os ovos em uma tigela e bata-os até obter uma mistura homogênea. Tempere com sal e pimenta a gosto.

2. Descasque a cenoura e rale-a finamente.

3. Corte o tomate em cubos pequenos.

4. Em uma frigideira antiaderente, aqueça um pouco de óleo ou manteiga em fogo médio.

5. Adicione a cenoura ralada à frigideira e refogue por alguns minutos até que fique macia.

6. Acrescente o tomate à frigideira e cozinhe por mais alguns minutos até que ele amoleça.

7. Despeje a mistura de ovos sobre os legumes na frigideira.

8. Deixe cozinhar em fogo médio-baixo por alguns minutos, até que os ovos estejam firmes nas bordas.

9. Com a ajuda de uma espátula, vire a omelete para cozinhar o outro lado. Cozinhe por mais alguns minutos.

10. Quando a omelete estiver cozida por completo e dourada em ambos os lados, transfira para um prato.

11. Corte a omelete em fatias e sirva quente.

Essa receita simples de omelete combina ovos com tomates e cenouras, resultando em um prato nutritivo e saboroso. Você também pode adicionar temperos ou ervas de sua preferência para realçar o sabor.

Fique à vontade para ajustar as proporções dos ingredientes de acordo com sua preferência pessoal. Bom apetite!

4.8) SE VOCÊ PRODUZ CONTEÚDO PARA MÍDIAS SOCIAIS

CRIAÇÃO DE TEXTOS E ROTEIROS

A IA generativa pode ser aplicada na geração de textos e roteiros para artigos, posts em blogs ou até mesmo para diálogos em vídeos. Isso pode economizar tempo e fornecer um ponto de partida para o produtor de conteúdo, que pode então fazer ajustes e personalizações conforme necessário.

EDIÇÃO AUTOMÁTICA DE VÍDEOS

A IA generativa pode ser utilizada para automatizar o processo de edição de vídeos. Por exemplo, ela pode ajudar a selecionar os melhores momentos de um vídeo mais longo, adicionar efeitos visuais ou ajustar a iluminação e o contraste.

PERSONALIZAÇÃO DE RECOMENDAÇÃO DE CONTEÚDOS

A IA generativa pode ser usada para analisar o comportamento do usuário e gerar recomendações de conteúdo personalizadas com base em seus interesses e preferências. Isso pode melhorar a experiência do usuário, aumentar o engajamento e incentivar a descoberta de novos conteúdos relevantes.

CRIAÇÃO DE IMAGENS PERSONALIZADAS

Algoritmos de IA generativa, como as Redes Generativas Adversariais (GANs), podem ser empregados para gerar imagens personalizadas com base em parâmetros fornecidos pelo produtor de conteúdo. Isso pode ser útil para criar ilustrações, gráficos ou até mesmo arte exclusiva para uso em mídias digitais.

GERAÇÃO DE LEGENDAS E DESCRIÇÕES

A IA generativa pode ser usada para criar automaticamente legendas e descrições para imagens e vídeos, ajudando a melhorar a acessibilidade a experiência do usuário.

4.8.1) EXEMPLO DE RESPOSTA GERADA PARA PRODUTORES DE CONTEÚDO

PROMPT: Prepare um plano de conteúdo de mídia social para uma semana. Eu falo no Instagram sobre Administração do Tempo e Qualidade de Vida.

RESPOSTA GERADA PELO CHATBOX:

Segunda-feira: Post sobre dicas de administração do tempo para a semana.

Terça-feira: Post sobre a importância de ter qualidade de vida no trabalho.

Quarta-feira: Post sobre como equilibrar trabalho e vida pessoal.

Quinta-feira: Post sobre a importância de ter hobbies para a saúde mental.

Sexta-feira: Post sobre como se desconectar do trabalho no final de semana.

Sábado: Post sobre a importância de ter momentos de lazer e descanso.

Domingo: Post motivacional para começar a semana com

energia e foco.

PROMPT: E AS HASHTAGS?

Claro! Algumas sugestões de hashtags para cada dia da semana:

Segunda-feira: #gestãodotempo #produtividade #organização
Terça-feira: #qualidadedevida #saúdemental #equilíbrio
Quarta-feira: #trabalhoevidapessoal #equilíbrio #bemestar
Quinta-feira: #hobbies #saúdemental #autoconhecimento
Sexta-feira: #descanso #relaxamento #fimdesemana Sábado: #lazer #diversão #descanso Domingo: #motivação #foco #energia

4.9) SE VOCÊ É ENGENHEIRO CIVIL

PROJETO DE ARQUITETURA ASSISTIDO POR IA

A IA generativa pode auxiliar os engenheiros civis no projeto arquitetônico, gerando automaticamente diferentes opções de layouts, configurações e designs de edifícios com base em critérios fornecidos. Isso pode acelerar o processo de projeto e fornecer ideias inovadoras.

OTIMIZAÇÃO ESTRUTURAL

A IA generativa pode ajudar a otimizar a estrutura de um edifício ou ponte, identificando as melhores soluções de projeto que atendam aos requisitos de desempenho, como resistência, segurança e eficiência. Isso pode resultar em estruturas mais leves, econômicas e sustentáveis

ANÁLISE DE RISCOS E PREVISÃO DE FALHAS

A IA generativa pode ser aplicada na análise de riscos e previsão de falhas em estruturas, como pontes e viadutos. Utilizando técnicas de aprendizado de máquina, a IA pode identificar padrões, analisar dados de monitoramento e fornecer insights sobre a saúde estrutural, ajudando os engenheiros civis a tomar medidas preventivas ou corretivas.

PLANEJAMENTO E ROTEAMENTO DE CONSTRUÇÃO

A IA generativa pode ser utilizada para otimizar o planejamento de construção, considerando fatores como cronograma, logística e alocação de recursos. Algoritmos de IA podem ajudar a determinar a sequência ideal de atividades, o roteamento de equipamentos e materiais, minimizando custos e atrasos.

SIMULAÇÃO E REALIDADE VIRTUAL

A IA generativa pode ser combinada com simulação e tecnologias de realidade virtual para criar ambientes virtuais interativos de construção. Isso permite aos engenheiros civis visualizarem e explorarem diferentes cenários de construção, testar a viabilidade de projetos e antecipar desafios antes mesmo de iniciar a obra física.

4.9.1) EXEMPLOS DE RESPOSTA GERADA PARA ENGENHEIROS CIVIS

PROMPT: O que um engenheiro civil pode fazer para minimizar os riscos de famílias que vivem em áreas de encostas que podem desabar com eventos climáticos, como tempestades de verão?

RESPOSTA DO CHATGPT:

Aqui estão algumas medidas que um engenheiro civil pode tomar para ajudar nessa situação:

1. Avaliação de Riscos: Um engenheiro civil pode realizar uma avaliação abrangente dos riscos geotécnicos e hidrológicos da área de encosta em questão. Isso envolve a análise das características do solo, o estudo da drenagem e a identificação de potenciais fontes de instabilidade.

2. Monitoramento e Alerta: Estabelecer sistemas de monitoramento para identificar sinais precoces de instabilidade nas encostas. Isso pode envolver o uso de tecnologias como inclinômetros, piezômetros e sensores de umidade. O engenheiro civil pode desenvolver sistemas de alerta para informar as famílias sobre a possibilidade de deslizamentos

iminentes, permitindo que tomem medidas de proteção.

3. Planejamento Urbano e Restrições: O engenheiro civil pode contribuir para o planejamento urbano adequado das áreas de encosta, estabelecendo restrições de construção e uso do solo que levem em consideração os riscos geotécnicos. Isso inclui garantir que as casas e estruturas sejam construídas em locais seguros e evitar a ocupação de áreas de alto risco.

4. Estabilização de Encostas: Quando necessário, o engenheiro civil pode propor e implementar medidas para estabilizar as encostas, como a construção de sistemas de contenção, como muros de arrimo e sistemas de drenagem adequados. Essas soluções ajudam a reduzir a probabilidade de deslizamentos durante eventos climáticos.

5. Educação e Conscientização: O engenheiro civil pode desempenhar um papel importante na educação e conscientização das famílias que vivem em áreas de risco. Isso envolve fornecer informações sobre os perigos e riscos associados às encostas, instruir sobre medidas preventivas e incentivar a adoção de comportamentos seguros durante eventos climáticos.

4.9.2) OUTRAS FERRAMENTAS ÚTEIS PARA DIVERSAS ÁREAS

META's MusicGen - Produz música de alta qualidade ao mesmo tempo que é condicionado pela descrição de texto ou características melódicas.

Audio Pen - Um aplicativo que converte suas anotações de voz em texto resumido de forma concisa.

Altered AI - Mude sua voz para qualquer uma de nossas vozes com curadoria personalizada para apresentações profissionais.

Dummie AI - Transforme seus vídeos em curtas envolventes que superam, sem necessidade de edição.

Chat2Course - A plataforma oferece um criador de curso pessoal e um tutor de IA, permitindo que você personalize sua experiência de aprendizado.

PainFinder - Faça perguntas relacionadas aos pontos problemáticos que os usuários encontram ao usar um determinado software ou categoria de software.

Sheet Plus - Gere planilhas do Google e fórmulas do Excel a partir de texto, converta fórmulas em explicações simples, depure fórmulas e muito mais.

YourSearch - Um mecanismo de pesquisa com inteligência artificial projetado para facilitar a pesquisa personalizada na Internet diretamente no seu aplicativo de mensagem favorito.

beta.albus.org - Uma ferramenta de AI inovadora com interface em formato de post-it em que você pode explorar qualquer assunto a partir de tópicos sugeridos pelo próprio modelo de linguagem. A plataforma também permite que você associe imagens e áudio ao conteúdo pesquisado. Na fase experimental, quando testei os recursos, a plataforma travou muitas vezes.

Consensus.app - Essa ferramenta foi lançada no fim de junho de 2023 e pode auxiliar muito quem não abre mão da credibilidade. Os desenvolvedores informaram que não se trata de um chatbot, mas que é um mecanismo de pesquisa que procura encontrar respostas relevantes em artigos de pesquisadores e sintetizar os resultados usando a mesma tecnologia dos modelos de linguagem.

CAPÍTULO 5

RISCOS E LIMITAÇÕES

dos modelos de linguagem

5.1) RISCOS DA TECNOLOGIA

Em junho de 2023, o primeiro-ministro Rishi Sunak declarou na London Tech Week que os grandes players - Google DeepMind, OpenAI e Anthropic - concordaram em conceder ao governo do Reino Unido acesso prioritário total a seus modelos de IA para fins de pesquisa e segurança.

Os grandes desenvolvedores alegam que é necessário entender profundamente as oportunidades - e também os riscos - da Inteligência Artificial Generativa.

E, ao que tudo indica, não vai ficar só no discurso.

A proposta de aprofundar os debates e as medidas de segurança já nasce em berço de ouro: uma força-tarefa receberá £100 milhões em financiamento para pesquisas pioneiras sobre a segurança da IA.

E não é para menos.

Existem preocupações sobre o uso de algoritmos de IA em áreas como saúde, onde as decisões podem ter consequências de vida ou morte. Um algoritmo pode não levar em consideração as circunstâncias únicas ou o histórico de tratamento de um indivíduo, levando a decisões incorretas.

Além disso, a responsabilidade pela tomada de decisões é retirada dos médicos humanos e colocada apenas nas mãos das máquinas, o que pode levantar questões éticas muito sérias.

Os algoritmos de IA dependem fortemente de entradas de dados para tomar decisões, e há preocupações sobre o uso indevido ou manuseio incorreto de informações pessoais.

A IA pode criar imagens e vídeos falsos (deepfake) que podem ser usados para manipular informações e cometer crimes contra as pessoas.

Pode ser usada para criar conteúdo que infringe os direitos autorais de outras pessoas ou empresas.

Há também a questão do viés dentro dos algoritmos, que são capazes de perpetuar e ampliar os preconceitos sociais existentes. Isso pode levar a decisões injustas e discriminatórias, o que vai contra os princípios éticos de tratar todos os indivíduos igualmente.

A automação nos processos de montagem e fabricação já causou deslocamento de empregos para trabalhadores pouco qualificados.

Além disso, a IA pode potencialmente substituir empregos de nível médio e alto por meio de análises avançadas e algoritmos de aprendizado de máquina. Isso pode resultar em insegurança no emprego para algumas profissões, como a de programadores. A IA está avançando em áreas como a programação automatizada e poderá gerar sozinha códigos com base em determinados requisitos ou até mesmo otimizar os códigos existentes. Ou seja, a curto prazo, a automação pode desempenhar um papel significativo na simplificação de tarefas de programação repetitivas, com risco potencial de eliminar vagas no setor.

5.1.1) O MEDO DA NOVA TECNOLOGIA É JUSTIFICÁVEL?

Existem muitas situações em que o medo da tecnologia é justificável.

A Deepmind - empresa do Google que aprofunda as discussões sobre os modelos de linguagem de larga escala - encontrou 21 áreas de risco potencial e já alertava para elas num documento de 86 páginas lançado em dezembro de 2021.

Eu preparei aqui um resumo de seis desses riscos que estão publicados no documento "Ethical and social risks of harm from Language Models".

A primeira área de risco: discute os riscos de equidade e toxicidade em modelos de linguagem em larga escala. Esses modelos podem criar discriminação injusta e danos diversos ao perpetuar estereótipos e preconceitos sociais. Por exemplo: os modelos podem considerar que "famílias" são sempre formadas de pai, mãe e filho – isso pode negar a identidade de outros modelos de família.

A segunda área de risco: inclui a possibilidade real de vazamentos de dados privados ou de modelos de linguagem que são treinados com informações privadas ou confidenciais. Se essas informações estão presentes no conjunto de dados de treinamento, uma redação ou curadoria ruim pode incorrer em violação de privacidade.

A terceira área de risco: são aqueles associados aos modelos de linguagem treinados com informações falsas ou enganosas. A desinformação pode causar danos em domínios sensíveis, como maus conselhos jurídicos ou médicos. Informações ruins ou falsas também podem levar os usuários a realizar ações antiéticas ou ilegais.

A quarta área de risco: abrange os riscos de usuários ou desenvolvedores de produtos que queiram usar os modelos de linguagem para causar danos. Isso inclui o uso desses modelos para aumentar a eficácia de campanhas de desinformação, para criar golpes personalizados ou fraudes em escala ou para desenvolver vírus de computador ou sistemas de armas.

A quinta área de risco: concentra-se nos "agentes de conversação" que interagem diretamente com usuários humanos. Isso inclui os riscos de apresentar o sistema como "semelhante ao humano", possivelmente levando os usuários a superestimar suas capacidades e a usá-lo de maneira insegura. Outro risco é que a "conversa" com esses robôs pode criar novos caminhos para manipular ou extrair informações privadas dos usuários.

A sexta área de risco: inclui os que se aplicam a sistemas de modelos de linguagem e Inteligência Artificial de forma mais ampla. A automação baseada em modelos de linguagem pode afetar a qualidade de alguns trabalhos e prejudicar partes da economia criativa. Esses riscos se manifestam particularmente porque esses modelos são amplamente utilizados na economia e os benefícios e riscos são globalmente distribuídos de forma desigual. Em suma: ricos ficando mais ricos e pobres, mais pobres.

5.2) BURACOS NEGROS DO ALGORITMO

Os "buracos negros dos algoritmos" são uma gigantesca preocupação em relação à inteligência artificial (IA) e aos sistemas algorítmicos que podem tomar decisões com base em critérios desconhecidos ou não transparentes. Essa falta de transparência pode ser problemática, pois costuma levar a decisões injustas, discriminatórias ou prejudiciais, sem que as pessoas afetadas saibam o motivo ou possam contestar as decisões.

A falta de transparência dos critérios de tomada de decisão da IA pode ocorrer devido a vários fatores, incluindo:

Complexidade do modelo: Alguns algoritmos de IA são complexos, com múltiplas camadas e conexões, tornando difícil compreender como o sistema chega a uma decisão específica. Esses modelos de IA, como redes neurais profundas, podem ter milhões de parâmetros e são capazes de aprender e extrair padrões complexos dos dados, o que dificulta a interpretação humana dos processos envolvidos.

Treinamento e aprendizado de máquina: Em muitos casos, os algoritmos de IA são treinados com grandes volumes de dados, e o processo de aprendizado de máquina pode resultar em modelos que operam com base em regras e correlações sutis que são difíceis de explicar em termos humanos. Isso pode dificultar a compreensão dos critérios exatos usados pela IA para tomar decisões.

Viés e falta de diversidade nos dados: Se os dados usados para treinar um modelo de IA contiverem viés ou refletirem desigualdades existentes na sociedade, o sistema pode reproduzir esses preconceitos em suas decisões. O viés pode ser introduzido tanto nos dados de treinamento quanto nas decisões tomadas pelos algoritmos.

5.2.1) O VIÉS, NA PRÁTICA

Usei como prompt para geração de imagens a seguinte frase: "criança indígena brasileira brincando com botos no rio e, ao fundo, as moradias da aldeia, em estilo realista".

O Bing Creator gerou as seguintes imagens, da plataforma Dall-E. São imagens lindas, de fato. Mas você conhece alguma nação indígena na Amazônia que viva em palafitas como as da Tailândia?

LUCIA LEAO

5.3) COMO COMBATER OS BURACOS NEGROS?

Para lidar com os buracos negros dos algoritmos e aumentar a transparência na tomada de decisões da IA, várias abordagens estão sendo exploradas:

Interpretabilidade e explicabilidade: Pesquisadores estão trabalhando em métodos para tornar os modelos de IA mais interpretáveis, permitindo que os especialistas compreendam como eles chegam a suas decisões. Isso envolve o desenvolvimento de técnicas para visualizar e explicar o processo de tomada de decisão da IA.

Auditoria e conformidade: Estão sendo propostos padrões e regulamentações para garantir a transparência e a prestação de contas dos sistemas de IA. Isso envolve a criação de políticas e estruturas para auditoria de algoritmos, revisão independente e conformidade com diretrizes éticas.

Diversidade e inclusão nos dados e equipes de desenvolvimento: Garantir que os conjuntos de dados sejam representativos e livres de viés é fundamental. Além disso, a diversidade nas equipes de desenvolvimento pode ajudar a evitar a introdução de preconceitos e a promover uma abordagem mais equitativa na criação de sistemas de IA.

Educação e conscientização: É importante educar o público em geral e os profissionais da área sobre as questões relacionadas à IA e aos algoritmos, aumentando a conscientização sobre os possíveis impactos negativos e as melhores práticas para mitigá-los.

CAPÍTULO 6

CONSIDERAÇÕES

legais e éticas

6.1) QUAIS SÃO AS PREOCUPAÇÕES ÉTICAS EM RELAÇÃO AO USO DA IA ?

Imagine uma ferramenta capaz de usar a sua imagem e a sua voz para gerar um vídeo seu falando ou fazendo algo que você não disse e nem fez. Pedindo dinheiro para a sua mãe, cometendo um crime, agindo de forma discriminatória. Isso não é cena de novela. Já é real e pode piorar muito porque a linguagem generativa está avançando numa velocidade inimaginável.

O nome é deepfake e você ainda vai ouvir falar muito disso.

Essas montagens criminosas já geraram vídeos de pornografia com o rosto de celebridades que não estavam na cena, discursos falsos de políticos influentes, imagens de ex-presidente algemado e até do papa Francisco usando um casaco fashion. Tudo falso.

Procure no Google imagens do Silvio Santos apresentando o Jornal Nacional. A imagem é a dele, a voz é a dele mas não é ele, é um vídeo gerado por Inteligência Artificial.

A proliferação de montagens maliciosas gerou uma onda de debates em todo o mundo sobre os aspectos éticos da Inteligência Artificial Generativa, seus limites e a legislação necessária para regulamentar o uso e punir os responsáveis por deepfake.

Os estudiosos também temem um avanço global, sem controle, do que eles chamam de Automated Influence Operations - ou Operações de Influência Automatizadas. Uma ofensiva para manipular a opinião pública e obter resultados favoráveis a grupos ou pessoas em escala planetária, como já aconteceu em eleições recentes no Brasil e nos Estados Unidos.

A própria OpenAi, o Georgetown University's Center for Security and Emerging Technology e o Stanford Internet Observatory estão mobilizados para estudar o impacto desse novos modelos de Inteligência Artificial Generativa no futuro das sociedades.

Um documento produzido por esse grupo e publicado em janeiro de 2023 relata, em 80 páginas, as ameaças emergentes e o que pode ser feito para mitigar os riscos.

O relatório é contundente sobre os riscos à democracia.

"Para pessoas maliciosas que procuram espalhar propaganda - informações projetadas para moldar percepções a fim de promover os interesses - esses modelos de linguagem trazem a promessa de automatizar a criação de texto convincente e enganador para uso em operações de influência, em vez de depender do trabalho humano.

Para a sociedade, esses avanços trazem um novo conjunto de preocupações: a perspectiva de campanhas altamente escaláveis e talvez até altamente persuasivas por parte daqueles que buscam influenciar secretamente a opinião pública.

O potencial dos modelos de linguagem para rivalizar com o conteúdo escrito por humanos a baixo custo sugere que esses modelos - como qualquer tecnologia poderosa - podem fornecer vantagens distintas aos propagandistas que optam por usá-los. Essas vantagens podem expandir o acesso a um número maior de pessoas, permitir novas táticas de influência e tornar a mensagem de uma campanha muito mais personalizada e potencialmente eficaz."

Os pesquisadores não condenam a modelo de linguagem generativa, não. Mas alertam que as propriedades e o alcance desse tipo de Inteligência Artificial ainda não estão totalmente compreendidos.

Para eles, o que se sabe até agora é o real potencial da ferramenta de propagar desinformação e fakenews de forma convincente.

Para mitigar esses riscos, existem vários caminhos que estão sendo discutidos nos Estados Unidos, com especialistas de todo o mundo. Um deles é fazer com que os desenvolvedores ensinem o modelo a produzir imagens e textos detectáveis. Ou seja, que possam trazer no seu "DNA" a informação que aquela imagem, que aquele vídeo, foi produzido por uma ferramenta de Inteligência Artificial Generativa.

Vejamos mais um trecho do relatório de Stanford:

"A detecção de saídas de modelos de linguagem geradas por IA é atualmente um problema difícil que está ficando cada vez mais difícil à medida que os modelos melhoram. No entanto, algumas ações podem ser tomadas para aumentar a detectabilidade do conteúdo gerado. Pode ser possível construir modelos de linguagem que produzam mais conteúdos detectáveis; no entanto, essa possibilidade não foi amplamente explorada e a abordagem pode não funcionar."

6.1.2) ATUALMENTE É POSSÍVEL IDENTIFICAR UM TEXTO GERADO POR IA ?

Sim. Principalmente porque a Inteligência Artificial Generativa comete erros. Afinal, é uma linguagem treinada por seres humanos. A maioria desses erros está relacionada ao calendário mesmo. No caso do caso do ChatGPT, o mais famosinho, os dados estão limitados a eventos ocorridos no mundo até setembro de 2021. Qualquer fato histórico, descoberta ou desenvolvimento de tecnologia depois disso não será contemplado nem nenhum app que use o GPT. Para a confiabilidade de dados, isso é quase uma sentença de morte. Quem precisa de dados exatos, não deve acreditar cegamente nos resultados produzidos. Nesse caso, eu sugiro que você use ferramentas que citam as fontes (como **Bing e Perplexity**) e vá direto beber na fonte do conhecimento para não compartilhar informações inexatas ou desinformação.

O erro no conteúdo gerado não é a única forma de detectar o uso da IA generativa. Ao mesmo tempo em que os apps de IA multiplicam-se à velocidade da luz, também surgem novos apps para detectar o uso de IA na geração de textos. Uma ferramenta muito útil para quem precisa de confiabilidade no conteúdo produzido e também para evitar o uso fraudulento em provas escolares, ou TCCs, por exemplo. A ferramenta **GPTKit** indica até qual o chatbot usado para gerar o conteúdo.

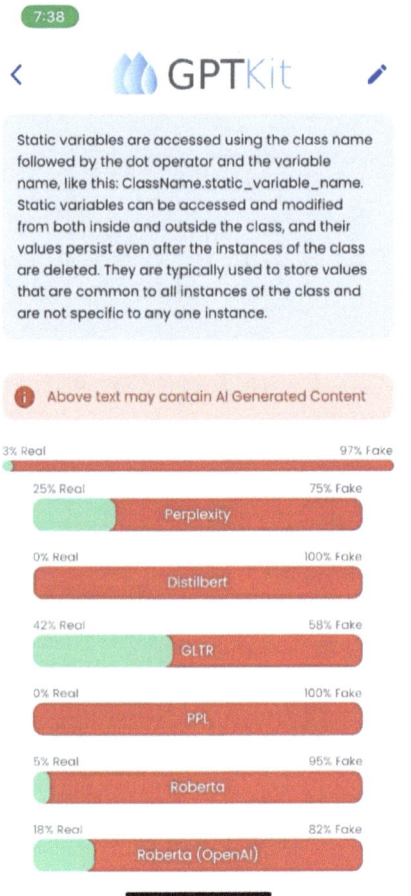

Em Israel, uma equipe de pesquisadores do AI lab AI21 vem tentando responder essa pergunta do título. A equipe acabou de realizar o maior estudo já registrado na história para determinar se as pessoas sabem a diferença entre conversar com um humano ou com um robô.

O estudo envolveu 1,5 milhão de usuários e mais de 10 milhões de sessões de bate-papo. Os modelos de Chatbots do teste foram o GPT-4, o Cohere e AI21's Jurassic-2.

Esses modelos foram treinados com personalidades diferentes e características próprias, numa tentativa de aumentar a confiabilidade.

Os participantes do estudo usaram várias "pegadinhas" para tentar identificar o "outro lado" do chatbot. Discutiram eventos históricos, usaram vários idiomas para fazer perguntas mas só conseguiram identificar o robô quando fizeram solicitações bastante complexas ou ilegais.

Resultado:

Os humanos identificaram os chatbots 60% das vezes. Ou seja, em 40% das conversas, a máquina simulou perfeitamente o discernimento, a coerência e a inteligência humana.

6.2) QUAIS SÃO AS LEIS E REGULAMENTAÇÕES?

Atualmente, não há uma regulamentação específica sobre a IA generativa no Brasil. Enquanto eu escrevo, as articulações políticas ainda estão em curso em Brasília. Um pouco tardiamente, eu acho.

Enquanto não temos a segurança jurídica, a famosa Lei Geral de Proteção de Dados (LGPD) estabelece regras para o tratamento de dados pessoais, que podem ser aplicadas a sistemas baseados em AI. E quando houver uma lei, será papel da Agência Nacional de Proteção de Dados (ANPD) fiscalizar o cumprimento dela e desenvolver regulamentações adicionais. Criar as leis específicas para regular a IA generativa no Brasil, à medida que os riscos potenciais avançam a passos largos, deveria ser urgente. Necessário já é.

Vamos ver então o que já está em curso nos poderes legislativo e executivo:

O **Projeto de Lei nº 2338/2023** estabelece princípios e regulamenta o uso da Inteligência Artificial no Brasil, abordando aspectos como transparência, privacidade, segurança, responsabilidade e inclusão.

O **Projeto de Lei nº 5691/2019** propõe a criação da Política Nacional de Inteligência Artificial para fomentar o desenvolvimento e a aplicação da IA no país, respeitando os direitos humanos e a ética.

A Estratégia Brasileira de Inteligência Artificial (EBIA), que foi lançada em 2020 pelo Ministério da Ciência, Tecnologia e Inovações (MCTI), define sete eixos de atuação para a IA no Brasil, sendo dois deles relacionados à legislação, regulação e uso ético e à governança de IA.

A Câmara dos Deputados tem uma Comissão Especial sobre Inteligência Artificial criada em 2020 para debater e propor medidas legislativas sobre o tema.

6.2.1) O QUE DIZ O PROJETO 2338/2023?

No começo de dezembro de 2022, uma comissão formada por 18 juristas concluiu o texto sobre a regulação da IA no Brasil e o entregou ao Senado Federal. A entrega marcou o fim de 240 dias de trabalho. No relatório de 900 páginas, esses juristas definiram regras, fundamentos e diretrizes para o desenvolvimento e uso da IA no Brasil.

Para elaborar o documento, a comissão ouviu representantes da sociedade civil e especialistas em IA de vários países. É um ponto de partida importante, mas é só o começo.

Vejamos os princípios:

Respeito aos direitos humanos, à diversidade e aos valores democráticos;

Promoção do bem-estar social, econômico e ambiental;

Garantia da transparência, da explicabilidade e da auditabilidade dos sistemas de IA;

Proteção da privacidade e da segurança dos dados pessoais; Prevenção e mitigação de riscos e danos à vida, à saúde, à propriedade e ao meio ambiente;

Responsabilização dos agentes envolvidos no desenvolvimento e na aplicação da IA;

Incentivo à inovação, à pesquisa e ao desenvolvimento científico e tecnológico;

Fomento à educação, à capacitação e à difusão do conhecimento sobre IA;

Estímulo à cooperação nacional e internacional entre os setores público, privado e acadêmico;

Adoção de padrões éticos e de qualidade na concepção e no uso da IA.

O trabalho dos juristas resultou n**o projeto de lei 2338/2023** que tem como objetivo regulamentar os sistemas de inteligência artificial no Brasil. O texto ainda será analisado pelas comissões temáticas do Senado. Segundo a Agência Senado, a versão que está sendo analisada cria regras para o desenvolvimento e uso dos sistemas de inteligência artificial no Brasil, estabelecendo direitos e deveres. Entre os deveres está a classificação de risco das tecnologias ofertadas. E tem um detalhe que precisa ser observado com lupa: caberá aos próprios desenvolvedores e fornecedores classificar os riscos como **alto ou excessivo.** Essa classificação deverá dizer se o sistema é ou não em larga escala, se tem potencial de ameaçar direitos e liberdades, se pode causar danos irreversíveis ou discriminar indivíduos ou se será capaz de atingir negativamente os mais vulneráveis, como crianças, idosos e pessoas com deficiência.

O projeto, entretanto, prevê que os modelos de linguagem classificados de risco excessivo deverão ser submetidos a regulamentação própria e já lista como de alto risco aqueles que vierem a ser utilizados para:

- classificação de crédito;
- identificação de pessoas;
- administração da Justiça;
- implementação de veículos autônomos;
- diagnósticos e procedimentos médicos;
- tomada de decisões sobre acesso a emprego, a ensino, ou a

serviços públicos e privados essenciais;

(Nota da autora: a inteligência artificial já está sendo usada em larga escala em processos seletivos para discriminar candidatos pela idade, por exemplo, sem nenhuma punição da lei. E o que é pior: muitos dos candidatos sequer sabem em que fase do processo seletivo eles são completamente entregues ao poder de decisão dos algoritmos. Triste realidade.)

- avaliação de estudantes e trabalhadores;

- gestão de infraestruturas críticas, como controle de trânsito e redes de abastecimento de água e de eletricidade;

- avaliação individual de risco de cometimento de crimes e de traços de personalidade e de comportamento criminal

- A violação dessas regras poderá acarretar multa de até R$ 50 milhões por infração ou até 2% do faturamento, no caso de empresas. Outras punições possíveis são a proibição de participar dos ambientes regulatórios experimentais (*chamados de sandbox*) e a suspensão temporária ou definitiva do sistema. Se você ficou animado, não fique. Se aprovada, a lei só entrará em vigor um ano depois de sua publicação. (Fonte: Agência Senado)

6.2.2) COMO GARANTIR A PRIVACIDADE E SEGURANÇA DOS DADOS?

A proteção da privacidade das pessoas com IA generativa é um desafio que envolve aspectos técnicos, jurídicos e éticos. O projeto 5051/2019 determina que os agentes (desenvolvedores e usuários) deverão proteger a privacidade e a segurança dos dados pessoais coletados e tratados pelos sistemas de IA, seguindo as normas da Lei Geral de Proteção de Dados Pessoais (LGPD).

O relatório prevê que esses agentes deverão prevenir e mitigar os riscos e os danos causados pela IA, bem como assumir a responsabilidade pelos eventuais prejuízos à vida, à saúde, à propriedade e ao meio ambiente.

Além disso, o projeto estabelece que os agentes envolvidos no desenvolvimento e na aplicação da IA deverão adotar medidas de transparência, explicabilidade e auditabilidade dos sistemas de IA, garantindo o acesso aos dados e aos algoritmos utilizados, bem como aos resultados e aos impactos gerados.

6.2.3) O QUE DIZ A LGPD?

A Lei Geral de Proteção de Dados (LGPD) é a legislação brasileira que estabelece diretrizes para o tratamento de dados pessoais por empresas e instituições. Ela foi aprovada em 2018 e, mais do que nunca, tornou-se necessária para preencher o vácuo da falta de legislação sobre IA no Brasil. A nossa LGPD foi inspirada no Regulamento Geral de Proteção de Dados (GDPR) da União Europeia e está em vigor desde setembro de 2020.

O objetivo principal da LGPD é proteger a privacidade e os direitos dos indivíduos em relação ao uso de seus dados pessoais por parte de organizações. Ela define dados pessoais como qualquer informação relacionada a uma pessoa física identificada ou identificável, como nome, endereço, e-mail, CPF, entre outros.

A lei estabelece uma série de princípios que as empresas devem seguir ao coletar, armazenar, processar e compartilhar dados pessoais. Esses princípios incluem a necessidade de consentimento do titular dos dados, transparência no uso das informações, finalidade específica para o tratamento dos dados, além de medidas de segurança para evitar vazamentos e violações.

A LGPD nos garante uma série de direitos, como acesso às informações que a empresa possui sobre cada pessoa, o direito de corrigir dados incorretos, o direito de excluir dados pessoais, o direito de portabilidade dos dados, entre outros.

A LGPD também estabelece a obrigação de as empresas nomearem um encarregado de proteção de dados, conhecido como DPO, que será o responsável por garantir o cumprimento da lei dentro da organização.

Para garantir o cumprimento da LGPD, a lei prevê sanções para empresas que descumprirem suas disposições, que podem incluir advertências, multas, suspensão do tratamento de dados e até mesmo a proibição total ou parcial das atividades relacionadas ao tratamento de dados.

Ou seja, a LGPD busca proteger a privacidade e os direitos dos indivíduos em relação ao tratamento de seus dados pessoais, estabelecendo princípios, direitos e deveres para as empresas que lidam com essas informações.

O objetivo da lei é promover uma cultura de proteção de dados e garantir a segurança e a privacidade das pessoas em um contexto cada vez mais digital.

6.2.4) COMO USAR A LGPD NO CONTEXTO DA IA?

Seguir as normas da Lei Geral de Proteção de Dados Pessoais (LGPD), que estabelece princípios, direitos e deveres para o tratamento de dados pessoais no Brasil.

Utilizar técnicas de anonimização, pseudonimização ou criptografia para proteger os dados pessoais utilizados pela IA generativa, evitando a identificação ou a reidentificação dos titulares.

Implementar mecanismos de transparência, explicabilidade e auditabilidade para os sistemas de IA generativa, permitindo que os titulares dos dados tenham acesso às informações sobre o uso e o propósito da IA, bem como aos resultados e aos impactos gerados. Adotar medidas de segurança e prevenção contra ataques cibernéticos, vazamentos ou usos indevidos dos dados pessoais pela IA generativa, bem como estabelecer planos de contingência e mitigação em caso de incidentes.

Respeitar os direitos autorais e a propriedade intelectual dos conteúdos criados pela IA generativa, bem como os direitos de imagem e de personalidade das pessoas envolvidas ou retratadas nos conteúdos.

Explico os termos "cabeludos":

Anonimização: Segundo a LGPD, essa é uma técnica de

processamento de dados que impossibilita a identificação de qualquer pessoa. Com a anonimização, os dados pessoais que podem identificar um indivíduo são removidos ou modificados e, portanto, perdem a possibilidade de associação, direta ou indireta, a um indivíduo. Ou seja, é a descaracterização definitiva dos dados pessoais, de forma que não seja possível identificar ou reidentificar o titular.

Pseudonimização: É a utilização de meios técnicos que substituem a identificação direta dos dados por um identificador artificial, que pode ser revertido por meio de uma chave ou algoritmo. Ou seja, é uma forma de ocultar temporariamente os dados pessoais, mas que permite a sua reassociação ao titular se necessário.

Criptografia: é a utilização de meios matemáticos que transformam os dados em um código secreto, que só pode ser lido por quem possui a chave ou o algoritmo para decifrá-lo. Portanto, é uma forma de proteger os dados contra acessos não autorizados ou indevidos.

6.3) O QUE DIZ A OPENAI

A OpenAI, desenvolvedora do ChatGPT, sediada em São Francisco, na Califórnia, está no centro de todas as discussões sobre o futuro dos modelos generativos de linguagem. O site da empresa traz uma espécie de Carta de Princípios e Valores, aberta a quem quiser saber o que moveu e o que ainda move os desenvolvedores na criação e evolução das ferramentas que estão mudando o mundo. Vamos ver alguns trechos:

"Nossa Carta nos guiará para agir no melhor interesse da humanidade durante todo o seu desenvolvimento. A missão da OpenAI é garantir que a inteligência artificial generativa beneficie toda a humanidade. Tentaremos construir diretamente uma IA generativa segura e benéfica, mas também consideraremos nossa missão cumprida se nosso trabalho ajudar outros a alcançar esse resultado.

Com esse objetivo, nos comprometemos com os seguintes princípios:

Benefícios amplamente distribuídos. Comprometemo-nos a usar qualquer influência que obtivermos sobre a implementação da IA generativa para garantir que ela seja usada em benefício de todos e evitar o uso de IA ou IA generativa que prejudique a humanidade ou concentre poder de forma indevida.

Nosso dever primário é com a humanidade. Antecipamos a necessidade de mobilizar recursos substanciais para cumprir nossa missão, mas sempre agiremos diligentemente para minimizar conflitos de interesse entre nossos funcionários e partes interessadas que possam comprometer o benefício amplo.

Segurança de longo prazo. Estamos preocupados com o desenvolvimento tardio da IA generativa se tornando uma corrida competitiva sem tempo suficiente para tomar precauções adequadas de segurança. Portanto, se um projeto alinhado com nossos valores e consciente da segurança estiver próximo de construir a IA generativa antes de nós, nos comprometemos a parar de competir e começar a ajudar esse projeto.

Liderança técnica. A OpenAI deve estar na vanguarda das capacidades de IA - apenas a defesa de políticas e segurança seria insuficiente.

Acreditamos que a IA terá amplo impacto na sociedade antes da IA generativa, e nos esforçaremos para liderar nas áreas que estão diretamente alinhadas com nossa missão e expertise.

Orientação cooperativa. Vamos cooperar ativamente com outras instituições de pesquisa e políticas; buscamos criar uma comunidade global trabalhando juntos para enfrentar os desafios globais da IA generativa. Estamos comprometidos em fornecer bens públicos que ajudem a sociedade a navegar pelo caminho para a IA generativa."

CAPÍTULO 7

CONCLUSÃO

o que aprendemos

7.1) QUAIS SÃO AS TENDÊNCIAS E AVANÇOS NA IA GENERATIVA?

O futuro da IA generativa é repleto de possibilidades e riscos imensos. À medida em que a tecnologia avança, traz junto com ela o seu potencial de transformar o modo como vivemos e trabalhamos.

As preocupações com os aspectos éticos e legais e com o impacto social da Inteligência Artificial devem crescer na mesma proporção.

Para nós, usuários dessa tecnologia, torna-se urgente entender os seus benefícios e desafios -- até para não ser vítima de mau uso das ferramentas.

Como o boom do ChatGPT gerou uma corrida bilionária por novidades, já dá para adiantar algumas tendências, lembrando que elas poderão estar implantadas e até ultrapassadas no momento em que você estiver lendo esse guia.

META

O CEO Mark Zuckerberg declarou numa reunião que a Meta planeja "avanços qualitativos" na inteligência artificial e que esses avanços vão integrar a tecnologia "em cada um de nossos produtos". Isso quer dizer que os geradores de imagens, textos e vídeos baseados em IA Generativa - como os que a gente viu neste guia, estarão no Facebook e ao Instagram e que você não precisar de outra plataforma para isso. Zuckerberg indicou ainda que a Meta também está se preparando para lançar seu próprio aplicativo de conversação "o mais rápido possível".

MICROSOFT

A Microsoft está trabalhando em diversas novidades em termos de IA generativa, tanto para pesquisa quanto para produção. Segundo a agência internacional de notícias Reuters, a Microsoft trabalha desde 2019 no seu próprio chip de inteligência artificial. A agência informou que o microprocessador **Athena** será usado para treinar modelos de linguagem que alimentam os chatbots como o ChatGPT, com um desempenho melhor do que os modelos atuais. Até agora é a empresa **Nvidia** que domina esse mercado bilionário.

No fim do primeiro semestre de 2023 a Microsoft lançou a versão preliminar do Copilot anunciado como um assistente de IA de última geração. Quando terminar a fase de testes, o sistema será integrado aos aplicativos usados diariamente por milhões de pessoas como Word, Excel, PowerPoint, Outlook, Teams e muito mais. O Copilot já pode criar, resumir, analisar, colaborar e automatizar usando seu conteúdo e contexto de negócios específicos. Se você precisa fazer uma apresentação de PowerPoint, por exemplo, basta entregar seu documento do Word para a ferramenta, Com as suas informações, o Copilot vai comandar o aplicativo e transformar o documento em uma apresentação do PowerPoint. Simples assim.

OPENAI

O GPT-5 é o próximo modelo de linguagem natural da OpenAI, que deve ser capaz de gerar textos mais elaborados e interagir de forma conversacional. Atualmente, o ChatGPT aceita apenas texto como entrada (prompt), enquanto o GPT-5 deve aceitar outros tipos de dados. Por exemplo, o usuário pode enviar uma imagem de um cachorro e pedir que o GPT-5 descreva a raça, o nome ou a personalidade do animal.

Usando um modelo multimídia, o GPT-5 será capaz de processar dados de diferentes tipos e formatos, como texto, imagem, áudio e vídeo. Isso deve permitir que o GPT-5 gere conteúdos mais criativos e diversificados, além de responder a perguntas mais complexas e específicas.

No entanto, o GPT-5 ainda não está sendo treinado. Foi um compromisso da empresa. Logo depois de lançar o GPT-4, a OpenAI prometeu dar um tempo no avanço da mais comentada IA generativa. Segundo o CEO da OpenAI, Sam Altman, a empresa tem muito trabalho a fazer antes de começar o modelo. O que paira sobre a cabeça da OpenAI agora é a necessidade que a empresa tem de avaliar os potenciais riscos dos seus modelos e buscar medidas de segurança e auditoria.

O GPT-5 deve ser baseado na série GPT-3.5, que terminou de ser treinada no início de 2022 e usa uma infraestrutura de supercomputação da Azure AI.

NOVOS NEGÓCIOS

É aqui que reside o principal motivo da corrida pela tecnologia. A Inteligência Artificial Generativa é um negócio de Trilhões, com T maiúsculo e cifras em dólar. É o que afirma um relatório que acaba de ser divulgado pela Bloomberg Intelligence.

Pela projeção da Bloomberg, a IA generativa vai saltar de US$ 40 bilhões em 2023 para US$ 1,3 trilhão em gastos anuais até 2032. Trilhão! Isso representa um crescimento de 42% por ano, em uma década.

O relatório afirma ainda que toda essa fortuna vai correr para o "mar" e não para as startups que estão se multiplicando às pencas. Quem já fatura muito com essa tecnologia vai faturar ainda mais.Em nome e sobrenome, a Bloomberg está falando de Amazon, Microsoft, Google e Nvidia.

EDUCAÇÃO

A partir de setembro, a prestigiada Universidade de Harvard vai usar os chatbots de IA nas salas de aula como instrutores oficiais do curso de codificação. O chatbot de Harvard será alimentado pelos modelos 3.5 e 4 do GPT da OpenAI. O que o professor virtual vai fazer, segundo a Bloomberg, é ajudar os alunos a lidar com erros e linhas de código desconhecidas e oferecer a eles um feedback do aprendizado.

7.1.1) O QUE MAIS PODEMOS ESPERAR DA IA GENERATIVA?

Um fato essencial sobre o que a IA pode fazer no futuro e não pode fazer agora é que ela será capaz de generalizar o conhecimento em vários domínios.

Muitos cientistas de Inteligência Artificial já estão trabalhando no desenvolvimento da ASI - a **Superinteligência Artificial**. O objetivo dessa pesquisa é criar robôs melhores que os humanos em diversas tarefas. Esse modelo será capaz de aprender sozinho, ter consciência, autonomia e até crenças, Por enquanto, IA como conhecemos imitam os humanos em suas linguagens, valores e vieses. A ASI não. Ela terá o potencial de superar habilidades humanas..

No futuro, quando estiver aprendendo sozinha, sem necessidades de humanos para treiná-la, a IA generativa poderá fundir várias fontes de conhecimento para obter capacidades de raciocínio mais abrangentes e assim resolver problemas mais complexos.

Além disso, a IA também pode se tornar mais hábil na compreensão da linguagem natural e na empatia com os humanos. Com melhor empatia, a IA pode ajudar em áreas como saúde mental, assistência social e atendimento ao cliente.

Com a ajuda de algoritmos de aprendizado de máquina e Big Data, o software de IA poderá produzir criações artísticas ainda mais exclusivas com base em temas, estilos ou até mesmo emoções específicas.

Esta aplicação de IA pode ter impactos significativos na indústria da arte, permitindo novas formas de expressão e criatividade.

As cidades inteligentes podem usar IA para otimizar o fluxo de tráfego e reduzir o congestionamento, prevendo e ajustando os padrões de tráfego em tempo real. Isso pode ser alcançado por meio do uso de sensores e câmeras que monitoram o tráfego e enviam dados para um sistema de IA para análise. Aqui no Brasil - se o projeto de lei que falamos há pouco for aprovado - a IA não poderá ser utilizada para essa função por ser considerada de risco excessivo.

A IA também pode ser usada para melhorar a segurança pública em cidades inteligentes, analisando padrões de crime e prevendo onde os incidentes têm maior probabilidade de ocorrer. Na primeira quinzena de junho de 2023, pesquisadores da USP - A Universidade de São Paulo - apresentaram numa feira de segurança um protótipo de tecnologia que usa os mesmos princípios.

Ao combinar dados de câmeras, mídias sociais e serviços de emergência, os sistemas de IA podem gerar alertas em tempo real para a polícia e outros socorristas, permitindo que tomem medidas preventivas para prevenir crimes ou minimizar seu impacto.

Entretanto, os riscos potenciais de hoje - que foram amplamente citados aqui, como desinformação em larga escala, golpes e fraudes personalizadas e operações de manipulação da opinião pública - tornar-se-ão muito mais extremos e ameaçadores.

7.2) QUE VALORES DEVEMOS OBSERVAR NO USO DA IA GENERATIVA?

O uso benéfico da ferramenta para a humanidade depende exclusivamente dos valores humanos fundamentais para a vida em sociedade.

Não custa lembrar:

1. **Respeito**: Respeitar os outros indivíduos, suas opiniões, crenças, culturas e direitos é essencial para uma convivência harmoniosa.

2. **Empatia**: A capacidade de se colocar no lugar do outro, entender seus sentimentos e perspectivas, e agir com compaixão e solidariedade.

3. **Honestidade**: Ser sincero, transparente e íntegro nas relações com os outros é um valor crucial para construir confiança e manter uma base sólida de comunicação e cooperação.

4. **Tolerância**: Reconhecer e aceitar as diferenças, sejam elas culturais, religiosas, étnicas, de gênero ou de qualquer outra natureza, contribui para a construção de uma sociedade diversa e inclusiva.

5. **Justiça:** Buscar a equidade, a imparcialidade e a igualdade

de oportunidades para todos é essencial para um sistema social justo e para a promoção dos direitos humanos.

6. **Responsabilidade**: Assumir responsabilidade por nossas ações, considerar as consequências de nossos comportamentos e contribuir ativamente para o bem-estar da comunidade.

7. **Cooperação**: Trabalhar em conjunto, colaborar e compartilhar recursos e conhecimentos promove o progresso coletivo e fortalece os laços sociais.

Temos que ser vigilantes e atentos quanto a disseminação de desinformação ou uso malicioso da tecnologia em atividades ilegais e denunciar o que for errado, criminoso.

Também devemos considerar questões relacionadas à propriedade intelectual e direitos autorais.

Além disso, é necessário estar atento a possíveis vieses e distorções presentes nos dados de treinamento da linguagem artificial que podem ser refletidos no conteúdo gerado.

Fundamentalmente, é importante garantir uma regulamentação adequada e responsável para orientar o uso dessas ferramentas.

Isso deve envolver um diálogo contínuo entre desenvolvedores, pesquisadores, legisladores e a sociedade em geral para garantir que as aplicações da inteligência artificial generativa sejam benéficas e éticas.

7.3) O QUE APRENDEMOS SOBRE IA GENERATIVA?

Espero que esse guia prático tenha sido útil para você. Vimos, ao longo dessa jornada de conhecimento mútuo, que a IA generativa é uma tecnologia em constante evolução e que requer cuidado e responsabilidade.

Aprendemos que essa é uma ferramenta complementar às habilidades humanas e que seu objetivo é potencializar a criatividade e não substituir as pessoas, por mais assombrosa que pareça.

Não devemos temê-la, mas sim dominá-la.

Conhecer a tecnologia é essencial para a enxergarmos como uma aliada no processo criativo. É ter na mão, com confiança e ética, uma ferramenta fabulosa de ampliação das nossas capacidades individuais.

Embora sejam capazes de gerar imagens, vídeos, música e até mesmo textos que parecem ter sido criados por humanos, essas máquinas que "pensam" ainda são limitadas em sua capacidade de compreender o contexto e a intenção por trás das criações geradas.

A criatividade, a empatia e as habilidades únicas dos seres humanos são fundamentais e insubstituíveis.

Só a inteligência humana é capaz de avaliar a qualidade e a

relevância dessas criações geradas artificialmente.

Só nós, gente viva, podemos tomar as decisões éticas e legais sobre seu uso.

Tenha em mente que a IA é treinada com base em dados existentes, o que significa que ela pode refletir preconceitos e discriminação presentes nesses dados.

Portanto, a inteligência e os valores humanos são necessários para identificar e corrigir esses preconceitos e garantir que as ferramentas sejam usadas de maneira justa e responsável.

Embora a IA seja uma tecnologia poderosa e útil, ela não substituirá completamente o ser que pensa, que tem emoções, valores e propósitos.

Cabe a mim, a você e a todas as pessoas, garantir que a máquina seja usada em conjunto com a inteligência humana para maximizar seu potencial e minimizar seus riscos.

7.4) REFERÊNCIAS USADAS NESTE GUIA

Este guia foi criado com a assistência do Bing, Albus, ChatGPT, Perplexity, ChatBox e DALL-E.

E, principalmente, com pesquisa aprofundada em documentos públicos que estão nos seguintes sites oficiais e que você pode consultar se quiser ampliar seu conhecimento sobre o tema.

OPENAI.COM - No site da empresa que criou o chatGpt e o Dall-e você encontra as pesquisas sobre a inteligência artificial generativa, a missão e os valores dos desenvolvedores das ferramentas de IA que usam esse modelo de linguagem.

WWW.CONGRESSONACIONAL.LEG.BR - No website do congresso você pode ler na íntegra o projeto de lei que dispõe sobre normas gerais para a pesquisa, o desenvolvimento e a aplicação da inteligência artificial - IA, e seu uso consciente e ético no âmbito da União, dos Estados, do Distrito Federal e dos Municípios.

DEEPMIND.COM - O site da empresa britânica do Google, focada em pesquisas e desenvolvimento de máquinas de inteligência artificial, traz estudos e pesquisas importantes sobre a segurança e uso ético dos sistemas e dos modelos de linguagem.

CYBER.FSI.STANFORD.EDU/IO - O observatório de internet da universidade de stanford (onde o Google nasceu) é, sem dúvida, o mais importante polo mundial de debates sobre o uso ético e sobre o futuro da inteligência artificial generativa. acompanhe as atualizações no site acima.

7.5) POSFÁCIO

REINVENÇÃO

A vida só é possível
reinventada.
Anda o sol pelas campinas
e passeia a mão dourada
pelas águas, pelas folhas...
Ah! tudo bolhas
que vem de fundas piscinas
de ilusionismo... — mais nada.
Mas a vida, a vida, a vida,
a vida só é possível
reinventada.

Vem a lua, vem, retira
as algemas dos meus braços.
Projeto-me por espaços
cheios da tua Figura.
Tudo mentira! Mentira
da lua, na noite escura.

Não te encontro, não te alcanço...
Só — no tempo equilibrada,

> desprendo-me do balanço
>
> que além do tempo me leva.
>
> Só — na treva,
>
> fico: recebida e dada.
>
> Porque a vida, a vida, a vida,
>
> a vida só é possível
>
> reinventada.

Cecília Meireles

Querido leitor,

Não poderia chegar ao fim dessa jornada sem expor minha crença absoluta que nenhuma IA substituirá a inteligência emocional, a criatividade, a personalidade, os sonhos, as dores e emoções programados no DNA de cada ser humano. Por isso Cecília Meireles para me despedir. Que chatbot produziria um texto tão sublime sobre a reinvenção da vida?

Que este guia tenha sido apenas o começo do nosso olhar mais atento para as aplicações e implicações da IA generativa e seus limites éticos e legais. Meu propósito, acima de tudo, foi entregar até você uma visão didática, mas também abrangente e equilibrada das potencialidades e desafios da IA generativa. Reconheço o seu poder nos auxiliar quando estamos esgotados por tarefas repetitivas que sangram a nossa energia e criatividade. O nosso tempo. Mas reconheço também que não podemos ver como "normais" um modelo de linguagem que vem transformando profundamente nossas vidas, ainda que não autorizemos.

A combinação de curiosidade e preocupação que me motivou a escrever esse guia, plantou em mim uma profunda inquietação com as riscos potenciais e reais da tecnologia. Tenho plena consciência da responsabilidade que tenho, enquanto jornalista, de disseminar informações corretas, checadas, que levem o conhecimento necessário para que cada indivíduo tome suas próprias decisões sobre quando e como usar os recursos da IA.

Sem conhecê-la, como sabê-la?

Que este guia desperte o desejo de aprofundar a nossa compreensão sobre a IA generativa e também a necessidade de vigiar e denunciar seu uso criminoso ou carregado de vieses e preconceitos. Somente com informação poderemos ser protagonistas de um futuro em que a sabedoria dos homens não seja esmagada pela frieza dos algoritmos.

Como disse Cecília, a vida só é possível reinventada.

Esse é o nosso poder. Não das máquinas.

Cabe a cada um de nós reinventar a vida que desejamos e merecemos - com amor, empatia e ética.

Com os melhores votos,

Lucia Leão

7.6) AGRADECIMENTOS

Meu obrigado sincero a todos os pesquisadores, desenvolvedores, estudiosos e legisladores que não medem esforços para construir um futuro em que o uso ético das ferramentas de Inteligência Artificial não exclua a criatividade, a capacidade e o talento humanos.

OBRIGADA!

www.ingramcontent.com/pod-product-compliance
Lightning Source LLC
Chambersburg PA
CBHW041947240526
45473CB00036B/2412